Um Amor Diferente

"Nossas Escolhas"

João Alberto Teodoro

Pelo espírito – **Augusto Cesar Vannucci**

Um Amor Diferente

"Nossas Escolhas"

2ª edição

Mundo Maior Editora e Distribuidora
FUNDAÇÃO ESPÍRITA ANDRÉ LUIZ
DESPERTANDO CONHECIMENTO

Mundo Maior Editora
Fundação Espírita André Luiz

Diretoria Editorial: Onofre Astinfero Baptista
Editor: Antonio Ribeiro Guimarães
Capa: Leonardo Lopes
Diagramação: Francisca Ferreira/Rlux Editoração Gráfica e Eletrônico
Revisão: Kátia Silene Lopes Godoi

Rua São Gabriel, 364 térreo
Guarulhos/SP - CEP 07056-090
Tel.: (11) 4964-4700

www.mundomaior.com.br
e-mail: editorial@editoramundomaior.com.br

Dados Internacionais de Catalogação na Publicação (CIP)
(Câmara Brasileira do Livro, SP, Brasil)

Vannucci, Augusto Cesar (Espírito).
Um amor diferente : "nossas escolhas" / espírito Augusto César Vannucci; psicografado por João Alberto Teodoro. – 2. ed. – São Paulo : Mundo Maior Editora, 2013.

ISBN 978-85-7943-044-2

1. Espiritismo 2. Ficção espírita
3. Psicografia I. Teodoro, João Alberto. II. Título

12-11119 CDD-133.9

Índices para catálogo sistemático:
1. Ficção : Espiritismo 133.9

Vannucci um trabalhador do **Cristo**

Augusto Cesar Vannucci nasceu no dia 11 de janeiro de 1934, em Uberaba/MG. Desde os 5 anos já cantava em feiras. Iniciou-se no teatro ainda jovem na União da Mocidade Espírita. Após alguns anos, Vannucci desembarca na cidade de São Sebastião do Rio de Janeiro seguindo o conselho de seu amigo espiritual, e inicia seu trabalho no teatro. Antes, porém, da estreia nos palcos, visita o amigo Chico Xavier, agora em Uberaba, e recebe do médium mineiro a seguinte informação.

"Vannucci, num futuro não muito distante você estará divulgando a doutrina do Cristo. Faz parte do seu compromisso."

Vannucci forma um Grupo espírita que leva o nome Seareiros de Jesus e que até os dias de hoje funciona no Teatro Vannucci , todas as quartas-feiras, com reuniões publicas, para o estudo do Evangelho de Jesus. Nestas reuniões são esclarecidos muitos artistas desencarnados.

Os anos passam e, entre peças e filmes, ele sempre voltava a Uberaba. Com textos de Chico Xavier e Divaldo Pereira Franco, Vannucci estreia com a peça Além da Vida. A pedido de Divaldo, uma prece era feita antes e depois de cada encenação. Durante a apresentação, muitos espíritos eram elucidados. A Peça continua sendo um sucesso de público até hoje. Dirigiu também por muitos anos os especiais de Final de Ano de Roberto Carlos.

Por intermédio de sua mediunidade, ele recebia ajuda e instruções dos mentores espirituais em cada projeto que estava realizando. Fez muitas viagens astrais onde lhe foram reveladas suas vidas com os Incas, com os Egípcios, com os Romanos nos tempos do Império. Descobriu ainda uma grande ligação com os mestres Italianos Leonardo da Vince e Miguelângelo.

Depois de 20 anos de Rede Globo, deixa a emissora e vai para a TV Bandeirantes realizar o seu grande sonho, um programa que falasse de mediunidade e fosse ecumênico. Inicia a grande fase do Espiritismo na TV Brasileira com o Programa 3ª Visão, apresentando o médium Luiz Antonio Gaspareto. Depois, se mudou para a Rede Manchete onde estreou o programa Fronteiras do Desconhecido, que permaneceu pouco tempo no ar.

Ele retorna à Rede Globo de Televisão para dirigir o Programa Fantástico. Aos 57 anos, no dia 30 de novembro de 1992, este batalhador da TV Brasileira deixa o planeta Terra, para exercer hoje um belíssimo trabalho junto aos meios de comunicação da Fundação Espírita André Luiz, na Rádio e TV a pedido do Assis Chateaubriand. Juntamente com outros artistas, cantores, poetas, músicos e atores, ele desenvolve um trabalho na recuperação de jovens desencarnados violentamente e por causa das drogas, por meio da arte levando a mensagem consoladora do Cristo Jesus.

Pesquisa feita no livro "Meus Amigos Paranormais", de autoria do próprio Vannucci – ano 1992 – Editora Casa do Autor.

Presenteado a mim, pelo amigo particular do Vannucci, Joel Vaz, a quem agradeço pelo apoio e carinho que me recebeu na ocasião do lançamento do livro no Teatro Vannucci – Rio de Janeiro.

Agradecimento

Obrigado a todos aqueles que participaram do processo de edição desta obra. Ao amigo Marcos Alberto Ferreira, pelo incentivo e pelo belíssimo prefácio. Ao Antonio Carlos Rebesco, o "Pipoca" pelo apoio junto aos filhos do Augusto Cesar Vannucci. Manifesto minha gratidão também ao Thomas, ao Rafael, à Gabriela, à Lívia, à Mariana e a Valéria Vannucci, por terem liberado o uso do sobrenome da família e aos velhos novos amigos Joel Vaz "amigo inseparavel do Vannucci", e o jornalista Luismar O. de Lima, do Correio Espirita do Rio de Janeiro.

Índice

Uma Forma Diferente de **Amar**

Seremos nós atores de uma peça de Teatro? "*Ser ou não ser, eis a questão.*" (William Shakespeare)

Vivemos em uma eterna representação. Mostramos na realidade aquilo que nunca fomos e não aceitamos os nossos defeitos, as nossas fraquezas. Esquecemo-nos de que estamos em um planeta que passa por uma transformação.

Muitos de nós frequentamos casas espíritas ou outras comunidades religiosas e mostramos diante dela uma moralidade falsa, virtudes e qualidades que ainda não conquistamos.

Quantos não vivem nessa fantasia e acabam por se juntar em um grupo no qual se julgam os melhores, os donos da verdade, condenando o semelhante? Esquecem-se de que somente Deus é um Juiz Supremo e tem o direito de julgar.

Muitos sabem que não têm a verdade e quando se olham no espelho, e veem suas marcas, seus desejos são contidos sob rigorosas penas. Isso tudo tem um alto preço. Acabam por se fundir com essa máscara da falsa realidade, a ponto de viverem somente o seu eu externo, enquanto o verdadeiro eu encontra-se trancafiado e sendo corroído por preconceito, orgulho e outros tantos defeitos que ainda possuímos. Quando estão no seio familiar, deixam cair a máscara dos personagens e se mostram como verdadeiramente são. Condenam tudo que está fora do seu padrão ético e moral, dito como normal.

Esses irmãos que assim agem, na realidade, não se amam e, consequentemente, não amam nem a Deus nem ao seu próximo. Se amassem, respeitariam as diferenças entre as formas de ser, de pensar, de viver e de amar. Como diz uma canção, do cantor e compositor Renato Russo, presente em todos os ensinamentos deixados pelo Cristo: *"É preciso amar as pessoas como se não houvesse amanhã."*

Quando o Cristo encontrou a mulher adúltera, não atirou pedra, mas envolveu-a em Amor, confortou o seu Espírito, deu a sua alma o norte a seguir. Ele não ama o pecado, mas, sim, aquele que peca.

A nossa grande missão nessa vida é justamente nos conhecer, aceitar as nossas diferenças, os nossos defeitos, a nossa vaidade, e procurar trabalhar isso. Em vez de nos açoitar, devemos tratar as nossas mazelas.

Seja diferente, seja você mesmo, ame-se, assim começará a mudar o seu mundo e, depois, o mundo exterior. Quando começarmos a nos perdoar, estaremos no caminho para aceitar as diferenças daqueles que, com certeza, não cruzam o nosso caminho por acaso.

Estamos aqui, neste planeta, para aprender e evoluir, e não para ficar sofrendo. Quando começarmos a aprender com o sofrimento, deixaremos de sofrer.

O nosso passado, já o gravamos em cenas, em preto e branco, mas, certamente, podemos iniciar um novo futuro, sem mágoas, rancores, máculas nem agressões a nós mesmos. Se você ainda tem esses sentimentos em seu coração, não sabe o que é amar e não pratica a ação do perdão, 70 x 7, ou seja, perdoar infinitamente; se ainda é capaz de olhar as pessoas com o seu preconceito, seja ele qual for, sexo, cor ou etnia, estará apedrejando novamente, como fizeram com a mulher adúltera.

À medida que o ser humano caminhar rumo à evolução, descobrirá que existem muitas formas de amar. O mais sublime é o Amor de irmão, indulgente para com o semelhante, que ajuda, que encoraja, que ressalta suas qualidades. Há outras tantas formas de demonstrar que se ama. Esta pela qual passa nossos personagens, é apenas uma forma diferente de amar. *"Retirem primeiro a trave que está em seu olho, para depois retirarem o cisco que está no olho do seu irmão."* (Evangelho de São Mateus, 7:3 a 5

Pense nisso!

Augusto Cesar Vannucci

Prefácio

A sexualidade, como energia criadora, presença de Deus em todas as suas criaturas, é fator preponderante em todas as relações humanas e na relação do homem com a natureza, com as artes, com a ciência, com o mundo... Como tantos outros instrumentos da Lei Divina, tem a função de promover o progresso individual e coletivo da humanidade, por meio do aprendizado de cada um.

Um olhar para a história, no entanto, nos mostra que o homem tem se perdido na vivência da sexualidade, desperdiçando abençoadas oportunidades de aprendizado e crescimento como espírito eterno.

Para uns, a busca desenfreada e irrefletida do prazer sem compromisso; para outros, a falta de indulgência, o excesso de preconceito e o julgamento do outro sem olhar para si mesmo. Para todos, ou quase todos, o esquecimento dos ensinamentos do Cristo, que asseverou que, em tudo na vida, o essencial é o Amor.

Augusto Cesar, pela pena psicográfica do nosso querido amigo João Alberto, nos presenteia com *Um Amor Diferente*, romance de leitura obrigatória para todos aqueles que buscam o aprendizado sincero, desprovido de preconceitos e prejulgamentos. É obra de leitura agradável, que nos apresenta a grande força desta energia que chamamos de sexualidade. E nos mostra que, se vivenciada sem Amor, ela acarreta violência, desarmonia, desequilíbrio e conflitos, mas, se vivenciada com Amor, ela produz um sentimento de completude, sublima o Ser, equilibra-o, fortalece... E que, em ambos os casos, no entanto, nos dá a oportunidade de aprendizado, resgate e evolução.

A Doutrina Consoladora nos ensina, mais especificamente nas questões 200 a 202 de *O Livro dos Espíritos*, que nós não temos sexos enquanto Espíritos eternos. Já experimentamos, na carne, a vivência de ambas as morfologias e não nos é importante se, numa futura oportunidade, nasceremos como homem ou como mulher. A polaridade é escolhida para melhor se adequar ao tipo de provas às quais o espírito se submeterá na próxima reencarnação.

E essa transição de experiências leva cada ser, dentro de sua individualidade e de seu livre-arbítrio, a estabelecer preferência e preponderância psicológica para uma das polaridades: masculina ou feminina.

Muitas vezes, quando as provas exigem do espírito, em prol de sua própria evolução, uma reencarnação em corpo morfologicamente inverso de sua energia psicológica, pode vir ele a passar por um conflito íntimo, e externar a homossexualidade. É fato natural e compreensível, já que o sexo está na mente. Os órgãos sexuais são apenas instrumentos de realização do ato sexual propriamente dito, conduzidos pela mente.

O espírito com a energia psicológica preponderantemente feminina, portanto, mesmo que renasça no corpo de um homem, continuará pensando como mulher. E o mesmo ocorre com o espírito com a energia psicológica preponderantemente masculina em um corpo de mulher.

É óbvio que, se a inversão psicológico-morfológica foi programada na espiritualidade, antes mesmo do renascimento, há uma razão de ser, cujo objetivo será sempre a evolução do espírito reencarnante.

A espiritualidade tem ensinado que o objetivo dessa inversão é quase sempre o de proporcionar ao ser reencarnante o direcionamento da energia da sexualidade para o campo das artes, da religião, da filosofia, da ciência, do trabalho comunitário, dentre outros, sempre para a conquista do equilíbrio e da harmonia dessa energia criadora. Para o espírito, é fase de aprendizado, autoeducação e disciplina.

Todos os espíritos passam por experiências semelhantes em alguma, ou algumas, de suas reencarnações. Faz parte da jornada evolutiva do ser.

O livre-arbítrio, entretanto, está presente em todas as fases de aprendizado do espírito. E, muitas vezes, no uso de seu livre-arbítrio, o espírito que reencarnou na experiência de inversão psicológico-morfológica deixa-se levar pelos caminhos da homossexualidade, mantendo relacionamentos afetivos com pessoas do mesmo sexo.

Um Amor Diferente nos mostra que, tanto para o hétero como para o homossexual, a vivência da sexualidade com promiscuidade, sem respeito e sem Amor, causa conflitos, tormentos, sofrimentos de vários matizes e débitos. Mas também nos ensina que a vivência da sexualidade com fidelidade, respeito e Amor, tanto para o hétero como para o homossexual, sublima a criatura, eleva e proporciona completude, sensação de felicidade, aprendizado e evolução.

Como nos ensinou Jesus, o doce Rabi da Galileia, em todas as situações da vida, o Amor é a receita do progresso e da felicidade do Ser.

A emocionante história de Flávio e Guilherme chegou em boa hora, para a compreensão e o aprendizado de todos nós.

Minha eterna gratidão a eles por dividirem conosco sua experiência. E aos autores, Augusto Cesar e João Alberto, que me confiaram a apresentação de tão importante obra.

Abra o seu coração para o aprendizado, com desprendimento, e mergulhe nesta leitura. O amor sempre vence.

Muita paz.

Marcos Alberto Ferreira
Juiz de Direito em Minas Gerais.
Autor de *Memórias de um toxicômano*
e *Corações em busca de paz.*

Capítulo I

Ganhando um Amigo

Estamos na cidade de Santos, litoral do Estado de São Paulo, na década de 1950. Depois de chegar da escola, o pequeno Flávio, de 7 anos, deixa suas coisas em cima da mesa, troca rapidamente de roupa, tirando seu uniforme, coloca um calção e sai em disparada. Seus amigos já o estão esperando, no campinho, para jogar bola.

Dona Neusa, sua mãe, que estava a manhã toda trabalhando na máquina de costura, levanta-se, vai até a porta e grita para o pequeno que já vai longe, encontrando-se com os amiguinhos.

– Filho, venha comer alguma coisa!

– Não quero, mãe. Já comi na casa do Rodrigo – responde o pequeno, encontrando-se com o amigo Rodrigo, que o espera com a bola na mão.

Os dois, alegres, correm pelas ruas chutando bola, ora um agarra, ora o outro. São inseparáveis os dois meninos, vão para a escola e brincam sempre juntos, nunca deram trabalho para os pais.

Dona Neusa sorri diante da cena. Ele se vira e joga um beijo no ar. Ela volta para seus afazeres e, naquela casa, volta a ouvir o barulho do pedal da máquina de costura. Entretida, ela passara boas horas ali, para entregar uma encomenda de uma freguesa.

Enquanto isso, os meninos se aproximam do campinho improvisado, que fica próximo à Biquinha. Ali há muitos garotos, quase todos da mesma idade, esperando pelos dois. Rapidamente, todos se saúdam, sentam em forma de um círculo, e os líderes, Rodrigo e Paulinho, dividem o grupo. Flávio e Rodrigo ficam no mesmo time. A dupla é mesmo inseparável! Os garotos que não foram escolhidos ficam na lateral, torcendo. Todos os dias, a cena se repete.

O jogo começa e a poeira levanta no campinho de terra. É uma festa só, Flávio joga de atacante, enquanto o amigo fica na defesa. Eles estão perdendo de 1 x 0, mas o time de Flávio e Rodrigo tem garra, nunca perdeu para o time adversário.

Em dado momento, em um descuido do adversário, Rodrigo faz um lançamento para frente. A bola cai nos pés de Flávio, que dribla dois adversários e fica cara a cara com o goleiro. Em um passe de mágica, ele finge que vai chutar para a esquerda. O goleiro cai, buscando a bola, mas o garoto rapidamente a domina, chutando para o outro lado. Nada mais resta ao time do que comemorar, pois ela vai para o canto direito, bate na trave e, finalmente, entra no gol.

Os jogadores comemoram. A gritaria é geral! Flávio é erguido pelos colegas, que festejam muito. Neste momento, o menino vê, bem próximo dali, dois homens que se aproximam. Um é seu pai, o senhor Custódio, que vem amparado por outro homem.

O jogo para Flávio termina ali. Ele sai do campo, deixando os demais e vai em direção aos dois homens que se aproximam. No coração dele, ao ver a cena que sempre se repete, brota uma agonia, um sentimento de revolta. *"Até quando ele e sua mãe vão ter que suportar aquilo?"*, pensa o menino.

Rodrigo vai em direção ao amigo e pergunta.

– Venha jogar, Flavinho. Onde pensa que vai?

– Coloque o Luiz no meu lugar – disse o pequeno, saindo cabisbaixo.

Rapidamente, o substituto entra e o jogo continua. Ninguém notou o porquê da saída de Flávio, eles estavam mais interessados no jogo. Afinal, aqueles dois homens que se aproximavam diziam respeito somente a Flávio. Vendo que o homem que trazia seu pai tinha dificuldades em conseguir deixá-lo em pé, o pequeno se aproxima.

– Pai! O senhor bebeu de novo? – perguntou o garoto, com a voz embargada.

– Ah, seu peste, não enche!

Raul, amigo de seu pai, olha para o garoto ali ao lado, que procurava ajudar.

– Ele bebeu um pouco demais, filho – disse Raul.

– Estava comemorando, Raul, não dê explicações a esse pirralho.

– Seu Raul, é melhor levar o pai para a Biquinha. Ele está bêbado demais, depois eu levo ele para casa. Se chegar lá assim, vai acabar batendo na minha mãe.

– Ele bate na sua mãe? – perguntou Raul.

– Sim, todas as vezes que chega assim.

Diante da resposta, Raul sentiu-se culpado, pois costumava beber com o amigo, mas não sabia disso. Os três se dirigiram para a Biquinha. Chegando lá, Raul fez com que Custódio se sentasse no gramado. O pequeno pegou uma lata usada pelos pequenos para se refrescar e trouxe água para o pai.

– Tome, pai – falou Flávio.

O homem, olhando-o, bateu com a mão, jogando a lata longe.

– Não quero água, seu pirralho – bradou. Dizendo isso, tentou se levantar para agredir o pequeno.

Diante da atitude inesperada para Raul, mas já costumeira para Flávio, aquele segurou o amigo pela cintura e o derrubou. O pequeno afastou-se e ficou distante.

– Que é isso, Custódio? Seu filho só quis ajudar.

– Ajudar nada. Eu não quero a ajuda dele, além do mais, ele não é meu filho.

Diante das palavras chocantes, o pequeno ficou distante, escondeu o rosto com as mãos e começou a chorar. Raul deixou o amigo deitado no chão. Levantou-se e foi até o pequeno, sentou-se ao seu lado e acariciou seus cabelos, procurando confortá-lo.

– Filho, não esquente com seu pai. Ele bebeu um pouco demais e não sabe o que está dizendo.

O menino continuou a chorar, escondendo o rosto entre as pernas. Raul se emocionou com a cena e trouxe o menino para junto de seu peito. Durante um tempo, ele não disse nada, apenas permaneceu calado, acariciando os cabelos grossos de poeira e suor. Um sentimento paternal tomou conta de seu coração. Ele chegou a pensar, por alguns instantes, que aquele garoto poderia ser seu filho. Assim permaneceram um tempo, enquanto o jogo acabava. Os demais garotos, depois de se banharem nas águas da Biquinha, foram embora. O pai de Flávio adormeceu e logo começou a roncar.

Os dois, já mais tranquilos, foram para a sombra de uma grande árvore se refrescar, pois o sol estava muito forte. E, sentindo-se como dois velhos amigos, começaram a conversar. Flávio ainda estava meio ressabiado. Nunca tinha conversado com Raul, apenas o via de longe, quando trazia seu pai, mas sentia ser uma boa pessoa. Havia entre os dois uma sintonia, era como se fossem amigos da mesma idade, há muito tempo.

O garoto estava com o rosto todo sujo de poeira e marcado pelas lágrimas que derramara ao ver a situação e a reação de seu pai quando ele foi ajudá-lo. Tudo aquilo estava mexendo com o coração de Raul, que se lembrou de sua infância, e começou a rir.

– Por que o senhor está rindo? – perguntou o garoto.

– Não é nada. É que você está engraçado, com a cara toda borrada – respondeu Raul, sorrindo e passando a mão na cabeça de Flávio. – Por que não vai se lavar na Biquinha? Assim se refresca e limpa esta cara.

Flávio começou a rir e, levantando-se, foi à beirada da mina d'água, ajoelhou-se e começou a se lavar. Todo desajeitado, molhou a mão na água, passou-a no rosto e olhou para Raul, que o estava observando. Raul achou tudo muito engraçado, levantou-se e, aproximando-se do garoto, começou a lavá-lo direito.

– Vamos! Mergulhe essa cabeça aí. Está um barro só atrás das orelhas.

Naquele momento, Raul teve a nítida certeza de que já vivera aquela situação. *"Será que foi um sonho?"*, pensava ele.

O mesmo acontecia com Flávio. Via na figura de Raul uma pessoa conhecida. A cada segundo que passava, era como se fossem séculos, e mais amigos eles se tornavam. Os dois começaram a rir da situação.

Raul tirou a camisa para se refrescar. Sendo Flávio um garoto peralta e já se sentindo bem íntimo do novo amigo, aproveitou-se de um descuido e o empurrou. Raul caiu dentro da mina. Para o garoto, aquela cena de Raul todo molhado foi motivo de risos. Raul levantou-se rindo, e disse:

– Ah, é? Eu lhe pego, danadinho!

E puxou rapidamente o pequeno pelo braço para dentro da mina. Os dois ficaram ali durante um tempo, brincando. Não viram o tempo passar. De repente, ouviram vozes de pessoas que se aproximavam e rapidamente saíram da mina, escondendo-se atrás de uns arbustos.

Duas senhoras se aproximavam com vasilhas. Elas vieram buscar água para suas casas, pois não tinham poços no quintal e a água da mina era mais fresca.

– Olhe só o que fizeram, a água da mina está toda suja! – reclamou uma delas.

A outra, vendo que havia ali perto um homem deitado, embora ele estivesse com a roupa seca, falou:

– Deve ser arte desse bêbado, aprontou no bar e depois vem se refrescar aqui.

A senhora mais velha se aproximou do homem e, vendo seu rosto, lamentou.

– Xiiiiii! Coitada da Neusa, hoje ela apanha de novo.

– Não me diga que é o traste do Custódio? – perguntou a outra.

– O próprio – respondeu a mais velha.

Enquanto as duas conversavam, os dois, agachados, riam atrás dos arbustos. Eles conversavam baixinho para não chamarem a atenção e serem recriminados pelas senhoras por terem sujado a água. Depois que as senhoras saíram, Raul disse:

– Não posso sair daqui assim, todo molhado. E levantou-se, tirou a calça, torceu-a um pouco e estendeu-a sobre o arbusto para secar.

Flávio imitou o amigo. Tirou seu calção, torceu-o e o colocou ali próximo.

– Ei! Dê-me aqui. Deixe-me torcer para você – pediu Raul.

Flávio, olhando para Raul, reparou que ele tinha um corpo bonito. Era um homem moreno e forte. Foi nesse instante que o menino notou que tinha ficado nu e não tinha percebido a diferença de idade entre eles. Envergonhado, escondeu as partes íntimas.

Raul disfarçou para não deixar o garoto com vergonha.

– Agora sim. Daqui a pouco, nossas roupas estarão secas. Venha! Sente-se aqui, assim ninguém nos vê.

Raul deu a sua camisa para o pequeno vestir, enquanto ele ficou apenas de cueca. Vendo que estava também molhada, foi atrás de uns arbustos, tirou-a, torceu bem, vestiu-a e, voltando, sentou-se ao lado do garoto.

– Pronto, meu amigo, agora sim vamos continuar nossa conversa.

A conversa fluiu aminada, enquanto o pai de Flávio roncava próximo dali. Como já foi dito, aquela era a primeira vez que os dois conversavam. Sempre que Raul o via, ele estava brincando com os amiguinhos, com a bola, jogando uma partida, ou então com uma latinha de leite, cheia de bolinhas de gude, brincando de mata-mata.

Muitas vezes, Raul deixava Custódio próximo de casa e via quando o pequeno deixava o grupo de amiguinhos, que continuava a brincar, e vinha buscar o pai. Aquelas cenas o encantavam. Ele ficava admirado com o carinho com que o pequeno tratava o pai, mas também ficava triste pelo fato de o pai não conseguir andar direito, de tão bêbado que estava.

Raul conseguiu conquistar o coração de Flávio, que estava feliz com o novo velho amigo. Intimamente, o pequeno Flávio pensava: *"Por que*

Deus me deu um pai tão ruim? Por que o Raul não é meu pai? Poxa! Poderia ser bem legal se ele fosse meu pai."

Raul parecia ler os pensamentos do pequeno.

– Sabe de uma coisa, Flávio?

Ele não respondeu, ficou apenas esperando.

– Era para eu ter um filho quase da sua idade.

– Verdade?

– Pois é. Ele teria hoje uns 7 anos.

– É a minha idade – respondeu, sorrindo. – O que aconteceu com ele?

– Não sei, filho. A mãe dele desapareceu, levou o garoto e nunca mais a vi.

– E você não procurou por ele?

– Sim, claro. Fui onde ela morava, mas os vizinhos me disseram que os pais a tinham mandado embora, pois não queriam uma mãe solteira na família.

O pequeno não entendia aquela história, mas prestava atenção em tudo o que Raul contava.

– Sente falta dele?

– Bem, não sei ao certo se era ele ou ela. Não cheguei a conhecer.

– Nossa! Que triste!

– Pois é, triste mesmo, mas tenho certeza de que irei encontrá-lo ou encontrá-la.

– Se não encontrar, pode ser meu pai? – perguntou o garoto de pronto.

Raul ficou surpreso com aquelas palavras.

– Mas... Você tem um pai... – ia prosseguir, quando viu o semblante do pequeno Flávio entristecer.

Permaneceu calado, com pena do garoto. Ele se aproximou de Flávio e o abraçou fortemente, fazendo-o sentir-se amparado.

– Sabe de uma coisa, você é um grande amigo que encontrei hoje.

– Não quero ser seu amigo – resmungou Flávio, chorando.

– Não chore – pediu Raul, enxugando as lágrimas que brotavam dos olhinhos negros.

– Ser amigo é melhor que ser pai, você não acha?

– Ah! Eu não gosto do meu pai. Ele sempre me bate e diz que não sou seu filho.

Raul ficou pensativo com aquilo, novamente abraçou o pequeno e beijou-lhe os cabelos. Sentia-se feliz. Seu coração estava batendo diferente, como se quisesse saltar fora do peito. Uma alegria tomou conta do seu ser.

"Como seria quando ele finalmente pudesse abraçar o seu verdadeiro filho? Quanto tempo ainda passaria sem poder realizar o maior sonho de sua vida? E o que significava aquela afinidade que brotara entre eles? De onde vinha o sentimento de paternidade que ele sentiu quando se aproximou do pequeno? Será porque ambos estavam carentes de amor e de proteção?" – pensava ele, acariciando o menino, que se mantinha abraçado ao seu peito.

Raul sentia-se um protetor. Ao protegê-lo, percebia o coraçãozinho de Flávio bater tranquilamente. Em sua mente, imagens que ele não se recordava de ter vivido, mas, no íntimo, sabia que pertenciam aos dois. Elas vinham misturadas com as do presente, como se ele estivesse vendo um filme antigo em preto e branco, depois imagens coloridas, preto e branco novamente, enfim, uma mistura de passado e presente. Teria ele vivido realmente outras vidas, e o pequeno Flávio cruzara novamente o seu caminho? As imagens em preto e branco que vinham teriam sido mesmo vividas por eles? E os sonhos que ele estava tendo quase todas as noites? Quais eram seus significados?

Perguntas querendo respostas, mas o seu coração não precisava de nada, pois ele estava radiante de felicidade.

Capítulo II

O Sonho Feliz

A tarde já caía. O sol se punha no horizonte. As primeiras estrelas já despontavam no firmamento. Uma brisa refrescante vinda do mar fazia balançar as folhas das árvores, quando Raul chegou trazendo Custódio amparado, pois este ainda estava cambaleante.

A casa onde morava o seu novo amigo ficava aos pés do Monte Serrat. Uma casa humilde, assim como as outras.

– Mãe! – gritou o garoto.

Dona Neusa estava com uma freguesa experimentando um vestido no quarto, quando os homens entraram na pequena casa. Custódio sentou-se na cadeira e logo se debruçou na mesa. Raul viu a pobreza, embora tudo estivesse arrumado e limpo. No canto da sala, próximo à janela, uma máquina de costura.

– Sua mãe é costureira, Flávio?

– Sim, ela costura, e muito bem, viu? É uma costureira de mão cheia!

Raul riu da maneira carinhosa com que Flávio falou da mãe.

– É verdade, tio, ela costura muito bem.

– Que bom! Então vou trazer umas peças de roupas para ela arrumar.

– Ela não costura para malandro – disparou Custódio, levantando-se e partindo em direção a Raul, que permaneceu próximo à porta.

– Não! O senhor não vai bater no meu amigo – intercedeu Flávio rapidamente, colocando-se na frente de Raul, tentando protegê-lo.

Irado, Custódio deu um safanão na cabeça do pequeno por tentar interferir.

O garoto caiu, cortou o supercílio na quina da máquina, e começou a chorar. Raul rapidamente empurrou Custódio, que acabou caindo também, mas logo se levantou e saiu da casa ameaçando.

– Minha mulher não costura para macho nenhum, o único que entra aqui sou eu.

Dona Neusa, ao ouvir aqueles gritos de Custódio, sentou-se na cama, enquanto sua freguesa, em pé, lhe disse:

– Que sina, Neusa, por que você não manda esse homem passear? Não merece viver assim.

– Tem hora que me faltam forças. Tenho vontade de sumir.

– Ah! Se o meu fosse assim, já teria sumido de casa. Eu voltaria para a casa dos meus pais. Ou então já o teria botado para fora, dava-lhe um bom chute no traseiro, enfiava sua roupa em um saco, jogava na rua e mandava sumir da minha vida.

– É... mas eu não tenho família, Cleusa. E não posso deixar o meu filho.

– Então mande ele embora, você não precisa dele para viver. Você é que põe tudo nessa casa.

– Às vezes, eu peço a Deus para me dar forças e não me deixar cometer uma loucura.

– Credo, Neusa! Não pense isso – disse Cleusa, fazendo o sinal da cruz.

– Não, não farei isso, pois não sei viver sem meu filho.

As duas permaneceram em silêncio enquanto os homens discutiam.

– Olha Custódio! – disse Raul – Se você estivesse são, eu lhe dava uma boa surra, pois isso não se faz.

– Ah! Lá vem você me dar lição de moral. Esse aí merece apanhar mesmo.

– Por que razão? Que mal ele lhe fez? É um menino bom!

– Esse aí não é meu filho, não sou obrigado a cuidar do filho de ninguém.

– Ora, não fale isso, não vê que está fazendo o pequeno sofrer?

Raul tirou um lenço do bolso e começou a limpar o sangue que escorria na testa do menino.

Flávio abraçou Raul fortemente, procurando segurança contra aquele monstro. Isso é o que ele estava começando a ver na figura de Custódio, já que ele não o considerava como filho. No coração do menino, o sentimento de ódio aumentava a cada agressão da qual eles eram vítimas. Raul, ao mesmo tempo em que se sentia feliz por ter ganhado um amigo, estava triste e preocupado com a sina daquela casa.

Custódio levantou-se, foi para o terreiro, próximo ao abacateiro, e ficou reclamando.

Ainda agarrado a Raul, o pequeno chorava.

– Viu como ele me trata, tio? Faz isso todas as vezes que vem bêbado e me encontra, ou então bate na minha mãe. Esses dias, minha mãe não tinha mistura, só arroz e feijão. Ele chegou do serviço, ficou brigando, bateu nela e depois jogou toda a comida fora.

– E ele não bateu em você?

– Não. Eu estava no abacateiro brincando quando ele chegou. Não desci. Fiquei com medo. Já tinha apanhado de cinta e ainda tinha marcas no meu corpo.

Raul ainda ficou um tempo ali, conversando com Flávio, dona Neusa não saiu do quarto, estava falando com sua freguesa, mas prestando atenção na conversa dos dois na sala. Aquela voz não lhe era estranha. Raul prometeu a Flávio que conversaria com seu pai no outro dia, lá no porto, onde eles eram estivadores.

Flávio se despediu do amigo e, olhando para o pai, que ainda estava sentado próximo ao abacateiro, mostrou-lhe a língua.

Raul, vendo a cena, recriminou-o.

– Não faça isso, filho. Ele pode lhe bater novamente.

– Está bem, tio.

O pequeno ficou observando Raul se afastar. Flávio tinha vontade de sair correndo atrás, tinha medo de perder o amigo que acabara de ganhar. Olhava para seu pai, que estava sentado no chão, agora encostado no abacateiro e dormindo.

Lico, o seu cãozinho, estava ali próximo e, como se estivesse defendendo o seu dono, latia para Custódio que, às vezes, acordava e jogava pedra para ele se afastar dali. Flávio ria da ação de seu cãozinho e pensava: "*Isso mesmo, Lico, me defenda desse monstro.*"

O que o menino não sabia era que o pequeno cão via, ao lado de Custódio, duas entidades, uma delas um jovem que, às vezes, avançava em direção ao cachorro, que saía rapidamente latindo, mas depois voltava para seu posto de defesa. Essas entidades negras que o acompanhavam se divertiam com a situação na qual viviam aquelas pessoas.

Flávio entrou e foi em direção ao quarto da mãe, batendo na porta.

Dona Neusa abriu para o filho entrar e, dirigindo-se à porta da sala, olhou para a rua e conseguiu ver Raul se afastando. Ela o reconheceu quando ele se virou, para ver se o pequeno ainda estava olhando.

O seu coração de mãe disparou. Ela sentiu um calafrio e segurou no batente da porta para não cair.

– O que foi, Neusa, está tendo uma vertigem? – perguntou a amiga Cleusa.

– É, deve ser o calor que fez hoje.

– Senta aqui, amiga! Flavinho, pegue uma caneca d'água para sua mãe.

Neusa tomou a água, mas, no seu coração, uma agonia começou a brotar. Ela não conseguiu segurar a emoção e começou a chorar. O menino, vendo a tristeza e o choro da mãe, abraçou-a e tentou acalmá-la. De seus olhinhos negros, lágrimas passaram a brotar também.

– Mãe, não chore. Eu vou crescer, vou ser forte igual ao meu pai Raul e vou defender você.

Neusa, ao ouvir aquelas palavras, levantou o rosto e falou.

– O que está dizendo, filho? – Quem é Raul?

– É o meu amigo, mãe, aquele que saiu daqui agora há pouco. Ele tem um filho da minha idade, só que não sabe onde está. Eu falei para ele ser o meu pai.

– Credo, Flavinho! Não diga isso – disse Cleusa, admirada.

– Seu pai está lá fora – respondeu sua mãe.

– Aquele monstro? – perguntou ele – Ele não é o meu pai. O meu pai agora é o tio Raul.

Ao ouvir aquelas palavras do filho, Neusa voltou a se sentir mal e foi socorrida por Cleusa, que a levou para cama.

– Deite-se aqui, minha amiga, vou lhe fazer um chá.

Flávio deitou ao lado da mãe e, inocentemente, começou a relatar o que havia acontecido naquela tarde. Neusa estava chocada. Enquanto isso, Cleusa foi até o quintal pegar umas folhas de hortelã e se aproximou de Custódio.

– Que papelão, hein, Custódio? Por que não vai bater em um homem?

Ele nada disse, permaneceu de cabeça baixa.

– Você está aí, bebendo igual a um gambá. Todo dia é a mesma coisa. Por que não morre logo, seu desgraçado, e deixa aqueles dois em paz?

– Você não sabe o que tá falando – resmungou ele.

– E você sabe o que faz? – perguntou ela de pronto – A melhor coisa que você faz é sumir da vida deles dois. Não presta pra nada, não traz dinheiro pra casa.

Cleusa entrou e foi preparar o chá. Quando ela levou a bebida, deparou-se com o menino dormindo ao lado da mãe. E esta, olhando para Cleusa, exclamou:

– Tá vendo? Como posso deixá-lo? Ele é o tesouro que Deus me deu.

– É, entendo você, minha amiga, mas falei um monte para Custódio.

– Cleusa, não faça isso. Ele vai pegar birra de você.

– Que nada! Eu não tenho medo dele.

As duas ainda permaneceram conversando algum tempo. Já escurecera, quando Cleusa foi embora, dizendo para a amiga que, qualquer coisa, pedisse por socorro. Ela e o esposo viriam ajudar.

– Fique tranquila, nada vai acontecer.

Cleusa, na companhia de Neusa, ainda deu uma volta pelo quintal, mas não encontraram Custódio.

– Ué? Onde se meteu esse homem?

– Será que criou vergonha e sumiu? Ou então está de tocaia esperando eu sair. Não quer ir para minha casa com seu filho?

– Não precisa. Ficarei bem.

– Então entre e feche a porta. Ponha a tranca. Assim ele não entra.

Cleusa só saiu dali quando a amiga entrou e fechou a porta. Ela se deitou ao lado do filho e ficou pensando em tudo o que acontecia. Não conseguiu pregar o olho. Onde estaria Custódio que não apareceu? Na realidade, ela pedia a Deus que ele não aparecesse mais.

Os primeiros raios de sol entraram pela fresta da janela. Ela não conseguira dormir e o galo já começara a cantar no galinheiro no fundo do quintal. O pequeno dormia tranquilamente, às vezes, esboçava um sorriso, e Neusa ficou a se perguntar:

"O que estará sonhando o meu príncipe? Com quem será que ele está sonhando? Com Raul? O que significava isso, depois de tanto tempo o passado estava vindo à tona? Por que Raul estaria voltando e justamente encontrando Flávio? O seu filho do coração?", pensava ela.

Queria entrar no sonho do filho e ser um instante feliz, na ingenuidade de uma criança, na pureza de seu coração. Demorou um pouco, mas enfim ela acabou cochilando. Em breve desligamento, encontrou-se com sua irmã, que, feliz, a abraçou e lhe deu muitos conselhos. Ao acordar, teve apenas uma leve lembrança, não se recordando todas as palavras ditas por sua irmã.

Capítulo III

Lembranças de uma Paixão

Raul também não conseguiu pregar o olho naquela noite. Aquele garoto mexia com o coração dele. Todas as vezes que acordava, era a sua imagem que vinha ao seu pensamento.

Ele se levantou e foi até a cozinha, tomou um pouco de água e, depois, voltando para o quarto, viu na sala o porta-retratos. Pegou-o e o acariciou.

– Que saudade, minha querida!

"Onde estaria Luzia, a moça por quem ele fora apaixonado?", pensava ele, apertando a foto em seu peito. Tudo seria diferente, se os pais de Luzia aceitassem o amor que havia entre os dois. Raul voltou para a cama e colocou o porta-retratos ao lado, na cabeceira.

Fechou os olhos e tentou dormir, até que, conseguindo cochilar, ele se viu fora do corpo. No princípio, ficou com receio, mas logo uma voz interior lhe disse:

– Acalme-se, meu querido amigo.

Olhou para o lado e viu uma pessoa que, sorrindo, lhe estendeu os braços. Foi envolvido no abraço fraterno do companheiro. Raul reconheceu o amigo e iniciou com ele uma longa conversa. Seu coração ficou mais tranquilo diante das palavras consoladoras do amigo.

Ao acordar, sentiu-se feliz, não relembrou detalhes do sonho, mas sentiu uma alegria em seu coração. Levantou-se e, abrindo a janela, viu ao longe o Sol que brilhava, mostrando toda a sua beleza exuberante.

"Hoje terei um dia feliz", pensou ele.

Raul se aprontou, tomou um gole de café e foi para o trabalho. Logo que chegou, encontrou Custódio na porta do armazém, sentado, cabisbaixo, e assim permaneceu até que ele se aproximou.

– Bom-dia, Custódio.

– Bom-dia! Raul, eu preciso ter uma conversa com você.

– Venha! Vamos entrar! A gente conversa no alojamento.

Enquanto eles caminhavam entre as pilhas de sacarias de cereais, Custódio começou a falar.

– Eu quero pedir desculpas pelo que fiz ontem.

Raul apenas ficou ouvindo.

– Eu não sabia o que estava falando. Não quero perder sua amizade.

– Que bom que se arrependeu, Custódio. Sua família não merece passar por isso.

– Eu não tenho mais família, aliás, nunca tive. Aquele garoto não é meu filho.

– Não? – perguntou Raul, parando o que estava fazendo e esperando que o amigo continuasse o relato.

– Não é meu filho. Neusa pegou o filho da irmã que morreu no parto.

– Mas pai é aquele que cria e não aquele que gera. E o garoto gosta de você.

– Não, ele não gosta, e eu também não gosto dele. Sinto um rancor grande no meu peito quando ele se aproxima de mim.

– Mas por quê?

– Não sei explicar. Desde pequeno, não gosto dele.

– E sua esposa?

– Não temos mais nada, faz tempo, não sinto nada por ela também. Vou embora. Ontem, minha vizinha me abriu os olhos. Estou fazendo-os infelizes. Quando chego bêbado em casa, muitas vezes a agrido, obrigando-a a fazer coisas que não quer.

– O que pretende fazer, então?

– Vou sair por aí.

– Pense bem, Custódio. Sei que não tenho experiência, pois não pude ter minha família. Dê uma chance a vocês.

– Não, isso é impossível. Às vezes, eu sonho que estou brigando com ele. Somos inimigos ferrenhos, sempre acabamos por nos ferir um ao outro, em outras vezes, somos amantes e ele acaba por me trair.

Diante do desabafo do amigo, Raul, surpreso, ficou sem ação. Não sabia o que dizer.

– Isso está me deixando louco, pois, a cada dia, sinto mais repulsa por ele.

– Repulsa ou amor? – perguntou Raul.

– Não sei, mas ainda não acabei. Nos sonhos, ele sempre me trai e a gente acaba por duelar algumas vezes. Já não sei mais o que fazer. Às vezes, tenho medo até de dormir. Por isso, eu bebo, meu amigo. Tento esquecer esses pesadelos que há muito tempo venho tendo.

– Isso é maluquice de sua cabeça, Custódio.

– Não é, Raul. Se eu continuar a viver com eles, vou acabar fazendo uma besteira. O pior não é isso. Sempre ouço umas pessoas me chamando de assassino. Eu não matei ninguém, Raul. Outras vezes, ouço uma voz dizendo: *"Quero bebida, tome mais uma, quero mais."* Eu estou ficando maluco, companheiro. Essas vozes não saem da minha cabeça.

– Custódio, por que você não vai conversar com a Mãe Maria, lá no terreiro que o Zé Paulo frequenta? Você está precisando de uns benzimentos. Se quiser, eu vou falar com ele.

– Não. Vou procurar o Zé. Mas não quero que diga nada disso para ninguém.

– Pode deixar. Será nosso segredo. Se você deixar, eu vou com você. Também estou tendo uns sonhos esquisitos. Acho que preciso de um benzimento bem forte – falou Raul.

– Vamos juntos sim. Assim você me dá coragem, pois tenho certo receio de ir nesses lugares.

– Combinado, então.

O dia passa e os dois trabalham muito. Quando chega a hora de sair, Raul vê que Custódio está conversando com Zé Paulo. Raul pegou o bonde com destino à sua casa. Conforme passava pelas ruas, começou a se lembrar de sua querida Luzia. Em cada canto daquela cidade, havia um local onde eles gravaram boas lembranças de uma grande paixão.

Raul começou a sonhar acordado, recordando o dia em que ela lhe dissera que estava esperando um filho. Eles estavam em um quarto no Hotel Japonês. Ali eles passavam suas horas de amor e de louca paixão. Para não desconfiarem deles, apresentavam-se como um casal que viera da capital. Assim, pelo menos uma vez por mês, eles se encontravam e se amavam. Ele ficou muito feliz com a notícia e queria falar com o pai dela.

– Não, meu amor! – pediu ela – Agora não é hora.

– Por que não?

Ela começou a chorar. Ele a abraçou, tentando confortá-la e dizendo que não a abandonaria.

– Raul, isso não vai acontecer.

– O que você disse? O que não vai acontecer?

– Raul! Meu pai me colocou para fora de casa. Temos que nos separar.

– Meu Deus! – disse Raul, abraçando-a fortemente – Minha querida, venha comigo, e seremos uma família feliz.

– Não, meu querido! Não seremos.

– O que está dizendo? Parece que não me ama mais?

– Nunca vou deixar de amá-lo, mas nosso caso termina aqui.

– Não! Você está brincando. Isso não é verdade!

– Estou sendo sincera, Raul. Embora o meu coração esteja partido.

– Eu vou falar com sua família.

– Por favor, não. Meu pai me disse que prefere me ver morta a ter uma filha grávida antes de casar.

– Venha comigo, querida. Vamos viver nosso amor – suplicou Raul, enquanto ela terminava de se vestir, pegando de sua bolsa um pente. Olhou-se no espelho e penteou seus belos cabelos loiros.

Ele se sentou na cama, desolado. Uma sensação ruim invadiu o seu coração. Parecia a última vez que estariam juntos. Seu coração parecia dizer adeus. Ela respirou fundo, buscando energias que a fortalecessem. Acariciou seu ventre com carinho, e pensou: *"Filho querido, não queria deixar o seu pai sozinho. Juro pelo que é mais sagrado, pelo nosso amor, que eu gostaria de formar uma família feliz, mas não posso permanecer ao lado de seu pai, por isso, estou me separando dele para sua segurança, pelo nosso amor é que estou partindo."* Sentiu um calor imenso invadi-la, deixando-a emocionada.

– Não, querido, não pense que o estou deixando. Não vou sair da sua vida, depois que nosso filho nascer, aí eu voltarei a procurá-lo. Quero ter o nosso filho em segurança, Raul. Conheço o meu pai e sei o que ele é capaz de fazer.

Em vão, Raul tentou convencer sua amada.

– Por favor, não venha atrás de mim. Eu lhe peço, pelo nosso amor. Eu voltarei, meu amor, confie em mim. É para nossa segurança.

O último beijo, o último abraço. Ela saiu do quarto:

– Por favor, querido, não venha atrás de mim. Espere um pouco para depois sair.

Ele tentou segurá-la, mas a moça, com os olhos banhados de lágrimas, suplicou:

– Por favor, deixe-me ir! – E, soltando a mão dele, fechou a porta do quarto.

– Não acredito no que está acontecendo comigo! – lamentou Raul, aproximando-se da janela. Olhando lá embaixo, não vizualizou ninguém, mas, depois de alguns minutos, viu seu grande amor atravessar a rua.

"Estou perdendo o meu grande amor e o nosso filho", desesperou-se ele. Uma força o impedia de correr atrás dela.

"Mas, e agora? O que eu faço da minha vida, da nossa vida?"

Aquelas lembranças jamais foram esquecidas. O tempo passou, muitas pessoas surgiram em seu caminho, mas, em seu coração, jamais alguém ocupou o lugar de sua amada.

O vento tocou o seu rosto, e a conversa de um passageiro com o condutor o trouxe de volta ao presente. Agora só as lembranças, e uma dor imensa no peito, que não passa nunca, uma ferida que jamais será cicatrizada.

"Onde estaria seu grande amor? E seu filho, como estaria ele?", ele sempre se perguntava.

O bonde estava quase vazio. Raul encostou sua cabeça no banco e chegou a sonhar. Ele viu, sentado no banco da frente, o mesmo amigo que lhe aparecera em sonho pela manhã. Sorrindo, ele lhe disse:

– Tenha calma, meu querido, o seu coração encontrará a paz. Suas dúvidas estão prestes a ser reveladas.

O amigo desapareceu como se fosse uma luz que se apaga de repente, deixando uma sensação agradável de paz e esperança em seu coração. Ele acordou feliz do cochilo. Continuou a viagem observando o movimento do bonde, as pessoas que subiam e as que desciam e caminhavam tranquilas pela orla da praia e das calçadas.

Viu algumas crianças acompanhadas de seus pais. Isso fazia com que sonhasse acordado. Um dia, estaria com seu filho, realizando as mesmas coisas, jogando bola na praia ou passeando pelas calçadas.

Capítulo IV

Pedido de Socorro

Os dias passaram e Custódio não apareceu mais em casa. Embora isso trouxesse alívio ao coração do pequeno, ao mesmo tempo deixava-lhe preocupado, pois sua mãe estava trabalhando demais. Ela ficava até tarde da noite costurando. Muitas vezes, ele colocava uma manta no chão, próximo à máquina, e dormia ouvindo a mãe pedalar. Neusa colocava o pequeno na cama, mas, passados alguns minutos, lá vinha ele envolto na manta e deitava de novo ao lado da mãe.

– Filho, vá dormir na cama, meu querido.

– Não tô com sono, mãe.

– Você vai acabar ficando doente, filho.

– Então venha dormir comigo.

– Já vou, filho. Estou quase acabando. Vá se deitar e comece a rezar para o seu anjo da guarda, que já vou.

– Venha, mãe, a senhora não tá bem.

– Quem falou?

– Mãe, eu vi a senhora passando mal esses dias, não dormiu à noite e tossiu muito.

– Não se preocupe, não é nada. É só uma tosse. Agora, vá se deitar, já é tarde.

– Mas, mãe, eu não estou com sono – disse ele bocejando.

Neusa parou de pedalar e, voltando-se para o filho, abraçou-o carinhosamente.

– Você é o meu pequeno príncipe, o meu guardião.

– E você é a minha rainha.

– Vá, meu filho. Eu já estou indo.

Ela deixou a costura sobre a mesa e, guardando as agulhas e linhas, acompanhou o filho, que a esperava encostado na porta do quarto. Feliz, o pequeno se encaixou no abraço carinhoso da mãe e adormeceu rapidinho. Neusa não conseguia dormir. Estava com febre, e teve um acesso de tosse. Tentou não tossir para não acordar o filho. Mas não conseguiu.

Delicadamente, ela se levantou e foi para a sala. Sentou-se à mesa, colocou sobre ela a lamparina e começou a passar mal. Teve um acesso de tosse forte, acompanhado de dores nas costas e no peito. O desespero de Neusa aumentou quando ela viu que estava tossindo sangue.

– Meu Deus! Ajude-me. Eu não posso ficar doente. Não agora, o que será do meu filho?

Ela passou um bom tempo ali, rezando e tossindo. Quase sem forças, ajoelhou-se diante de uma imagem do Sagrado Coração e pediu fervorosamente.

– Jesus, me ajude, por favor, não posso morrer agora.

Sua fé foi tamanha que, logo, foi envolvida por uma luz. Ela não podia ver, mas sentiu que estava sendo ajudada, pois um calor envolveu o seu corpo. Emocionada, chorou.

A dor diminuiu, e a febre também passou. Neusa voltou para a cama, onde o pequeno dormia tranquilamente. Deitou-se ao seu lado, mas com receio de se aproximar muito do filho. Por fim, acabou adormecendo e foi tratada pela entidade que a protegia.

– Tenha calma, minha irmã. Logo você estará boa.

Ela conseguia apenas ouvir, e visualizou um vulto. Semidesligada do corpo, sentou-se na cama e olhou o filho que dormia tranquilamente, sonhando com seu mundo encantado.

No outro dia, na casa de Cleusa, o pequeno Rodrigo chegou da escola chateado.

– O que foi, filho? – perguntou a mãe, que estava estendendo roupa no varal.

– Mãe, o Flavinho não foi à escola hoje.

– O que tem isso? Por que você está triste? Só porque ele não foi à escola?

– Não, mãe, ele não vai jogar bola também.

– Vai ver ele está doente.

– Ele falou que dona Neusa não está bem, que ele ia cuidar dela.

– Meu Deus! – exclamou – E a Neusa não veio pedir ajuda. Estranhei que não ouvi o barulho da máquina de costura.

Dizendo isso, Cleusa deixou os afazeres e saiu apressada em direção à casa da vizinha.

– Mãe, eu vou também.

– Não, Rodriguinho, você fica aqui.

– Mas...

– Não tem mais nem menos, filho. Você fica aqui.

Logo que entrou na casa, Cleusa foi para o quarto. Lá encontrou o menino próximo à mãe, com um pano molhado na cabeça dela.

– O que foi isso, Flavinho? O que aconteceu?

– Minha mãe está doente, dona Cleusa. Ela está cuspindo sangue.

– Meu Deus! Ela está com febre?

– Um pouco, o médico falou que era para colocar pano molhado na testa dela.

– Médico? Que médico, filho?

– Eu não conheço, mas era um homem bom. Ele me acordou e falou que minha mãe estava medicada, que iria ficar boa, e que eu colocasse pano molhado nela.

– Que estranho... E quem o chamou?

– Eu não sei, tia. Foi ele quem me acordou – repetiu o garoto.

– Tá bem, filho! Agora, deixe que eu cuide de sua mãe. Fica lá com o Rodrigo que eu tomo conta dela.

O garoto saiu, mas ficou sentado no pé de abacateiro, brincando com seu cachorro, o Lico.

– Lico, você já ficou sozinho no mundo?

O cachorro parecia entender a tristeza do amigo, aproximando-se, começou a lamber o seu rosto. Com a patinha, tocou várias vezes sua mão, até que Flávio entendeu e o abraçou.

– Você não vai me deixar, né, Lico? – perguntou Flávio, abraçando o cão.

O cachorro começou a choramingar. Dos olhinhos de Flávio, lágrimas rolaram em silêncio. No seu coração, uma dor insuportável, ele pressentia que algo aconteceria na sua vida e iria mudá-la para sempre.

Abraçado ao seu cão de estimação ele permaneceu conversando.

– Eu não posso perder minha mãe. Se eu perdê-la, eu só terei você – dizia ele, chorando.

O pobre canino lambia o rosto do amigo, demonstrando o carinho que sentia, secando as lágrimas que rolavam. Às vezes, ele também uivava alto. Não gostava de ver o amigo sofrendo, queria dividir a tristeza, compartilhando a dor que insistia em ferir o pequeno coração de Flávio.

Capítulo V

Um Elo

Numa noite clara, Custódio, acompanhado de Raul, foi ao terreiro onde trabalhava Zé Paulo, e lá foram informados de que o trabalho seria realizado na praia. Eles caminharam por entre os coqueiros e foram em direção à Praia do Gonzaga. A lua estava alta, o céu, estrelado. Eles caminharam pela orla da praia até se aproximarem do local onde os trabalhadores estavam reunidos. A música e o batuque dos atabaques eram ouvidos ao longe. Os dois caminhavam conversando.

– Raul, eu estou com medo de ir.

– Medo? Por que, Custódio?

– Tenho receio de lidar com essas coisas.

– Se você quiser, a gente volta daqui mesmo.

– Mas ficará chato, eu falei para o Zé que a gente iria.

– Então vamos, não vai acontecer nada.

Os dois caminhavam tranquilamente e, à medida que se aproximavam do local, eram envolvidos pelos amigos espirituais. Eles conseguiam sentir a energia, um calor os invadiu, eles pararam e ficaram observando. Um olhou para o outro, tentaram voltar, mas não conseguiram, seus pés pareciam que estavam fincados na areia da praia e pesavam toneladas.

Um Preto Velho, acompanhado de uma índia, se aproximou dos dois. Ele se postou diante de Custódio e começou a energizá-lo da cabeça aos pés.

À medida que os fluidos começam a envolver a cabeça de Custódio, este, amedrontado, arregala os olhos, não sabe o que está acontecendo, sente um formigamento, um calor descendo da cabeça e envolvendo seu corpo todo.

De seu corpo, saem chispas escuras, o Preto Velho vai mudando as cores das energias que aplica. A índia, com um vasilhame de barro, começa a recolher todo o material que ficou ao redor de Custódio. Dois seres da sombra se desligam de seu corpo, mas ficam de longe xingando e maldizendo todos aqueles que o estão ajudando, ao mesmo tempo em que observam tudo.

– Fia!– disse ele – recolhe tudo isso, não deixe nada escapar.

A índia obedece ao pedido do Preto Velho. Este, depois que terminou a limpeza que fez no corpo de Custódio, falou para Majuí, a índia que continuava a recolher as energias condensadas na areia da praia:

– Depois que terminar isso, fia, ocê leve pra pertinho das águas e, quando o Marinheiro chegar, entregue a ele.

Majuí recolheu as energias escuras e foi esperar pelo Marinheiro próximo às águas da praia. Ela esperou até que o Marinheiro, acompanhado por dois ajudantes, chegasse para lhe entregar o vasilhame. Eles retornam andando sobre as águas calmas, como se estivessem andando sobre uma placa de vidro, e vão até o barco, deixando lá o vasilhame e todo o material recolhido.

A índia saúda o Marinheiro, colocando em seu pescoço um colar de pedras. Ele agradece e se dirige ao grupo de trabalhadores.

Muitos outros marinheiros desencarnados vêm cumprimentá-lo. Depois de algum tempo, ele, ligando-se a um médium, inicia o atendimento das pessoas que ali vieram. Alguns com oferendas, outros com os semblantes amedrontados. Os dois ajudantes organizam o atendimento às entidades que darão passagem aos médiuns que estão em desenvolvimento.

Vendo que Custódio observava tudo ao redor e estava com medo, pois se sentia como se estivesse saindo do corpo, o Preto Velho, sorrindo, lhe disse:

– Não precisa ter medo, meu fio. Ocê tá com zonzeira – sorriu o velho.

Custódio estava sentindo uma zonzeira, aquela música cantada pelos trabalhadores entrava em seus ouvidos e o envolvia de uma maneira que os seus sentidos pareciam que iam sumir.

Não demora muito e ele acaba caindo. Rapidamente, os trabalhadores vêm socorrê-lo e o levam para sentar juntamente com outros trabalhadores. Muitos vieram auxiliá-lo. Os dois ajudantes do marinheiro trazem uma das entidades que estava ligada a ele e que, de longe, maldizia a todos. Ela não queria vir, mas foi trazida à força pelos dois grandalhões, e colocada perto de um médium, que começava a ficar envolvido.

O Preto Velho que dirigia os trabalhos falou para os dois marinheiros:

– Traga ele aqui. Custódio tem que desenvolver sua mediunidade.

A entidade era um jovem que estava com muito ódio em seus olhos; ele se debatia, não queria dar a comunicação. O Preto Velho colocou sua mão na cabeça do jovem, enquanto este era seguro pelos dois marinheiros, fazendo-o se acalmar, e até ficar um pouco sonolento.

Enquanto isso, Raul fica observando todos os movimentos. Pai Antonio se aproximou dele e o abraçou, depois lhe aplicou energias vitalizantes. Raul sentiu-se bem e foi conduzido por dois homens, que o levaram para sentar-se na areia, juntamente com outras pessoas que receberiam tratamento.

Uma baiana vestida com sua roupa branca característica, com rendas, muito rodada e muitas flores nas mãos, aproxima-se de Raul e, molhando-as em uma vasilha de barro, começa a benzê-lo e a cantar. Raul sente a energia o invadir. Depois dos benzimentos, ela, sentando-se diante dele, pegou sua mão e disse:

– Ocê ainda vai ser feliz. Essa angústia no seu coração vai terminar. Fique tranquilo, o que ocê tá buscando a sua vida toda tá próximo, muito próximo.

Com essas palavras, Raul pensa no filho que o seu coração busca, pois tem a certeza de que ele está vivo.

– O seu coração tá certo, ele tá vivo sim, meu fio – falou a baiana.

Diante da resposta aos seus pensamentos, Raul se arrisca e faz uma pergunta:

– Onde está meu filho, Mãe Maria?

– Ocê vai descobrir logo, logo. Na hora certa, Deus vai lhe mostrar.

– Mas... – quis argumentar Raul.

– Não posso lhe dizer mais nada, fio, só que o seu coração já sente o calor e o amor dele.

A baiana permanece em silêncio por um tempo e, depois, colocando a mão direita na testa de Raul, faz um benzimento e diz:

– Vai, meu fio. Vai com Deus, que os Orixás te protejam.

Raul voltou para o local onde estava, e os trabalhos continuaram. O grupo de trabalhadores começa a cantar e a dançar em roda. Com movimentos ritmados pelo batuque dos atabaques e pelas palmas, eles dançam rodando, formando um círculo. O Marinheiro atende as pessoas, em sua maioria com problemas de mediunidade aflorando. Tudo é anotado e, depois, passado para o Preto Velho, que está ligado a Zé Paulo.

Algumas velas estão acesas no centro do grupo, juntamente com algumas imagens de Yemanjá, Pretos Velhos e outros Santos. Existe ali um sincretismo religioso, uma mistura de deuses africanos com alguns santos católicos. Raul fica encantado com tudo aquilo e, aos poucos, sai do corpo e começa a observar tudo o que acontece do lado espiritual.

Enquanto isso, a entidade que está com Custódio inicia a comunicação, falando com Zé Paulo, que está envolvido, dando passagem para o seu guia.

– O que tá acontecendo? Por que me trouxeram aqui? – perguntou a entidade raivosa.

– Ocê veio aqui pra gente pode ajudá ocê – respondeu o Preto Velho.

– Eu num preciso de ajuda – respondeu rispidamente a entidade.

– É verdade? Ocê não precisa? Meu fio, ocê tá na escuridão e precisa achar o caminho da luz.

– Por que você tá preocupado comigo? Não estou te fazendo mal!

– Ocê tá prejudicando esse nosso irmão.

– Eu quero que ele venha comigo.

– Por que você quer isso, meu fio?

– Ele tem que prestar contas comigo. Prejudicou-me.

– E ocê quer prejudicá-lo agora? Pagando o mal com o mal?

– É na mesma moeda que estou pagando.

– Ocê tá fazendo ele bebê muito. Ele tá ficando doente, vai acabar morrendo de tanto bebê.

– Ele bebe porque quer – riu a entidade. – Claro que eu gosto da bebida, mas não fico obrigando ele a beber um copo sequer. Eu quero é a desgraça dele, já que ele desgraçou a vida da minha família.

– Isso aconteceu mesmo, meu fio? E ocê, o que fez pra ele?

– Eu não fiz nada pra ele.

– Ocê diz que não fez nada, mas quem é a moça que anda ao lado dele tentando protegê-lo da sua pessoa?

A conversa continua por um bom tempo. O Preto Velho pede para que a entidade seja retirada. Os dois marinheiros o amarram e, retirando-o, entregam-no a um grupo de índios, que ficaram vigiando para não se aproximar de Custódio novamente. Muito objetivo em sua vingança, o jovem estava com o coração petrificado, quem sabe no próximo trabalho voltasse para ser atendido. Custódio volta a si e, olhando para Zé Paulo, diz:

– O que está acontecendo comigo, Zé? Eu não me lembro de nada.

– Não se preocupe, meu fio.

– Tô sentindo uma dor aqui no peito – falou Custódio, percebendo que não estava falando com Zé Paulo, e sim com uma entidade.

– Isso aí meu fio, é uma dor causada pelo ressentimento. Ocê tem que aprender a perdoar, essa dor que sente dentro do seu peito é uma velha mágoa de muito tempo atrás. Não é dessa vida, meu fio.

– Eu não sei o que o senhor tá falando.

– Sabe sim, meu fio, toda vez que sai do corpo, enquanto ele descansa, ocê vai ao encontro do seu passado, e fica revivendo tudo o que aconteceu entre ocê, seu amigo e o menino de hoje. Ao ouvir aquelas palavras, Custódio relembrou os sonhos.

– Os meus sonhos.

– Isso mesmo, fio.

"Eu não falei pra ninguém, somente Raul é que sabia deles. Será que ele falou para o Zé Paulo?" – pensou ele.

– Fio, ninguém falô nada não, o Preto Véio sabe, porque ocê veio aqui, sabe que ocê num consegue dormir, e tem medo.

Custódio ouvia aquilo surpreso. *"Como podia ele saber de tudo, e também ler seus pensamentos?"*

O Preto Velho começou a rir, diante dos pensamentos e questionamentos feitos por ele, e continuou.

– Uma coisa importante, meu fio, que ocê tem que fazer, é aprendê a perdoá, seja quem for. Ainda mais sendo o menino que ocê criou como seu esse ódio que ocê sente dele é coisa de outra vida, mas Deus colocou todo mundo junto que é pra se amarem. Outra coisa, meu fio, ocê tem que vir mais veiz aqui, precisa desenvolver. Tem um irmãozinho que precisa do seu perdão e de muita luz.

– Eu, desenvolver? O que o senhor está me falando? Eu não entendo!

– Não se preocupe, fio. Venha de novo aqui, na próxima semana.

A conversa continua e os pensamentos voltam-se novamente para a figura de Flávio.

Custódio se lembrou de todas as vezes que se aproximou do menino e das coisas que fazia, tentando amedrontá-lo, feri-lo. Ele sentia-se bem ao ver o pequeno com medo ou sob suas ordens. Ele tinha vontade de abraçá-lo, mas ao mesmo tempo queria maltratá-lo.

Lembrou-se da sua esposa Neusa, uma candura de mulher que sempre o tratava com carinho, mesmo quando ele chegava embriagado em casa e batia no menino. E às vezes chegou a agredi-la.

Ela nunca levantou os olhos, muito menos a palavra para ele. Lembrava que, quase sempre, a via chorando calada, fazendo o jantar, ali no fogão a lenha. Solitária, ela chorava. Muitas vezes, quando questionada, dizia que era a fumaça que a fazia chorar. Ele deitava na cama, esperando que ela o chamasse para comer. Era comum, quando embriagado, Custódio adormecer sem ao menos trocar de roupa.

Certa noite, Neusa esperava por ele com a comida pronta. Estava chovendo, ele não chegava e ela acabou por adormecer. Ali ao seu lado estava o pequeno Flávio, que dormia tranquilamente. Passadas algumas horas, ele chega todo molhado e bêbado. Vê a comida no fogão a lenha, pega um pedaço de frango na panela, come e, depois, vai para o quarto. Tira a roupa molhada e deita-se ao lado do pequeno.

Custódio fica observando a beleza de Flávio, sente um momento de ternura, acaricia-lhe os cabelos, mas, depois, algo de ruim se apodera de seu coração. Ao mesmo tempo, sente um desejo incontrolável. Ele abraça o pequeno e o traz para perto de seu corpo. Depois de algum, tempo começa a fazer carícias. Sente um forte desejo, quase incontrolável. Nesse momento, o pequeno acordou sentindo a mão percorrendo seu corpo, tentou se mover, mas Custódio apertou-o contra seu peito e cochichou ao seu ouvido:

– Fique quietinho, não fale nada nem grite.

O menino sentiu um tremor, teve vontade de gritar, mas a mão de Custódio em sua boca o impediu.

Flávio teve, naquele momento, uma experiência que acabou por marcar para sempre sua vida. Ali começou a nascer um ódio por Custódio.

Essas lembranças que vêm à tona fazem Custódio chorar de remorso. Ele não percebe o espírito de Neusa se aproximando e envolvendo-o em um abraço fraterno. Também não consegue ver, mas, mentalmente entende o que ela lhe diz:

– Meu querido. Não se perca no meio de tantas mágoas e remorsos. Precisamos aprender a caminhar com o Cristo. E somente conseguiremos segui-lo se aprendermos a perdoar, primeiro a nós mesmos. Quando planejamos um novo retorno ao corpo físico, pedimos muitas vezes para receber aqueles com os quais temos que aprender a perdoar e a amar. No nosso caso, querido, pedimos pra receber Flávio.

– Mas ele não é nosso filho – pensou ele, respondendo a ela.

– Engano seu, meu querido, somos todos filhos de um mesmo Pai. Irmãos perante Jesus. Quanto a Flávio, é um filho querido que retornou como nosso sobrinho. Em existência remota, deixamos escapar de nossas mãos e ele caiu em caminhos desvirtuados. Querido, antes de voltarmos a ser Neusa e Custódio, aceitamos a dádiva do Planejamento Divino de recebê-lo no nosso seio familiar, e indicar a ele o caminho do bem. Isso sem falar no grande elo que existe entre você, Raul e Flávio.

– Mas ele me odeia, e com razão – falou soluçando, lembrando-se da vez em que ele o molestou.

– Sim, meu querido, eu sei do que você está falando.

– Eu sou um monstro, Neusa.

– Os seus erros só poderão ser consertados quando você der uma chance a você mesmo, perdoando-se e buscando a Jesus. Se você fizer isso, encontrará em Jesus a força para vencer esse desejo incontrolável que você sente. Querido, antes de sermos homem e mulher, marido e esposa, somos todos irmãos em Jesus. Nunca se esqueça disso e, por mais sombria que seja a estrada onde estamos caminhando, se tivermos fé, renovadora, ela se torna iluminada pela presença do Cristo em nós.

Custódio ouvia agora mais nitidamente tudo o que ela estava lhe falando. Ele entendeu o elo que havia entre todos eles, mas uma resposta ainda não tinha. Por que o ódio?

– Quanto ao sentimento de ódio que existe, conseguirá no momento oportuno, transformá-lo em amor. Não tema diante das oportunidades que serão apresentadas a você, transforme o seu caminho de dor, ódio e insegurança em caminho de renovação.

Capítulo VI

Sentimentos de Ódio e Amor

Sentimentos existentes no coração do homem que o impedem de dar passos largos rumo a sua perfeição. Quando Jesus de Nazaré aqui esteve, deixou plantadas no coração da humanidade as sementes do amor, deixou exemplos da prática do perdão. Mas o homem procurou somente o desenvolvimento da ciência e da tecnologia, inventando máquinas que facilitaram sua vida e se esqueceu do desenvolvimento interior. Esqueceu-se de germinar a semente do Amor.

Deus, em sua bondade, permite que a humanidade passe por sofrimentos causados pela ação do homem, por seus inventos, justamente para que exercite a resignação, a benevolência, o amor ao próximo. Ao mesmo tempo, os resultados das ações dos seus inventos servem para que reveja suas finalidades. Mas, passado algum tempo, o homem volta a maquinar na maneira de se mostrar mais poderoso. Esquece-se de que o Criador de tudo é Deus e de que basta um Sopro Divino, que pode ser uma resposta da Natureza, para tudo vir ao chão.

O ódio é a chaga que ainda cega a humanidade, impedindo-a de ver a grandiosidade das obras de Deus. Na realidade, esse sentimento é um amor que não é correspondido, talvez de grande intensidade, que seria, se transformado em sentimento nobre, capaz de mudar muitas vidas. Sentimento latente que, aos poucos, está sendo despertado e transformado pelos ensinamentos do Nazareno, revividos pelo Espiritismo.

Em uma atmosfera de Amor e muita luz, carinhosamente, Neusa envolve Custódio como uma criança aconchegada em seu colo, e inicia um relato emocionante:

– Num tempo não muito remoto, morávamos nos pampas do Rio Grande do Sul, Flávio era uma filha, a qual me dava algum trabalho com sua rebeldia.

Você trabalhava em nossa fazenda e era o capataz, apaixonado pela jovem.

A partir desse momento da narrativa, uma tela é mostrada para Custódio, e também Raul, que estava fora de seu corpo, se aproxima para ver e ouvir o relato.

Uma jovem, com seu vestido rodado, cavalgava em uma campina, toda faceira, dirigindo-se para o rio. O dia está ensolarado; seus cabelos, dourados e cacheados, esvoaçantes ao vento. Como se não bastassem, os seus olhos eram azuis, era uma bela prenda, que deixava todo homem que a visse encantado.

Ela era descendente de família de europeus. A jovem Gina, como era chamada por todos na fazenda, enfrentava todo tipo de serviço. Não gostava de ficar bordando, muito menos no tear, como as outras prendas. Preferia ficar cuidando dos animais. Sua ousadia era tanta que, muitas vezes, chegava a domar potros selvagens. Isso fez com que o capataz Eurico se apaixonasse por ela, mas também o jovem Juvêncio, filho de portugueses, dono de uma venda na região.

Juvêncio estava encantado pela jovem Gina, e ela por ele. Começaram a se encontrar às tardezinhas, na beira do rio.

Com sua beleza exuberante, quando ela mergulhava, vinha à tona com um sorriso maroto e com suas formas, que se destacavam, ainda mais belas. Aproximava-se da beira do rio, onde seu amado estava esperando. Juvêncio apeava de seu cavalo e a abraçava com força, deixando a jovem quase sem forças para respirar.

Dois jovens amantes dominadores ali estavam vivenciando um belo romance jurando um amor eterno. O que eles não sabiam era que Eurico, o capataz, estava sondando atrás de uns arbustos. O capataz estava se remoendo de ódio. Ela tinha que ser dele, por esse amor ele lutaria até o fim.

Muitas vezes, quando ele domava um animal, Gina se aproximava, toda fogosa e, sorrindo, lhe dizia:

– Então, o que você acha, quer que eu te ajude?

– Não precisa. Sei fazer o meu trabalho muito bem.

– Sei que tu sabes domar bem um animal de quatro patas, quero ver se tu sabes domar uma fêmea!

Ela dizia isso mordendo as rédeas do animal que ele estava segurando.

Depois se insinuava mais, dizendo:

– Por que você não tenta domar essa que aqui está a sua frente?

Eurico não deixou a oportunidade escapar de suas mãos, enlaçando-a, beijou-a com sofreguidão.

– Te quero muito, minha prenda – disse ele ao seu ouvido.

– Pra me ganhar terás que primeiro me domar – respondeu ela, sorrindo e se soltando dos seus braços.

– Espere – disse ele, puxando-a novamente.

– Não! Não quero te beijar.

– Por que não?

Ela nada diz, apenas sorri ironicamente. Ele a beija mais forte ainda, e ela se entrega aos seus carinhos. Carregando-a nos braços, leva-a para o paiol, que está repleto de feno e milho, e, colocando-a deitada sobre a palha, fica acariciando seu corpo. Ela permanece como se estivesse dormindo, recebendo os carinhos de um homem que está apaixonado e cheio de desejo. Quando ele começou a tirar sua camisa, no entanto, ela rapidamente abriu os olhos e, sorrindo, levantou-se e saiu em disparada, correndo para fora do paiol, como uma criança peralta, deixando o capataz sorrindo.

– Ainda te prendo nos meus braços, guria. Tu serás só minha! – gritou ele.

Ela desaparece por entre as árvores que rodeavam o casarão, enquanto ele arrumando sua roupa, volta para os seus afazeres, muito feliz, parecendo um jovem enamorado.

Isso acontece muitas vezes, deixando o jovem mais enamorado ainda, só que o mesmo acontece com Juvêncio, todas as vezes que Gina vai até o vilarejo.

Numa tarde chuvosa, ela passa a galope, indo em direção à igreja para se abrigar. Vestida como uma amazona, ela desce rapidamente, amarra o animal em uma árvore defronte a igreja e entra para se proteger da chuva que está engrossando. Juvêncio, que observava a bela jovem entrar na igreja, pega sua capa e atravessa a rua, indo atrás dela. Ele sabia que o padre não estava na igreja, pois havia saído há poucos minutos na companhia do sacristão.

Quando ele entrou na igreja, Gina estava retirando sua capa molhada e colocando-a, em um local que havia na parede, próximo ao confessionário.

Rapidamente, ele entra sem ser notado e se esconde no confessionário. A jovem, depois de se secar com um lenço, dirige-se ao confessionário e, aproximando-se, ela chama pelo padre.

Juvêncio responde:

– Que Deus te abençoe, minha filha.

Gina ajoelhou-se, e Juvêncio que se passava pelo padre, começou a ouvir as confissões da jovem.

A jovem abria o seu coração, contando ao padre "Juvêncio" seus problemas, principalmente emocionais:

– Padre, tem um funcionário de meu pai que gosta de mim, ao mesmo tempo existe outro rapaz aqui do vilarejo, mas, na realidade, eu não os amo. Tenho carinho pelos dois, mas meus sentimentos verdadeiros são desejos.

Sei que isso é pecado, mas é maior que eu e eu sofro para controlar esse desejo. Não me vejo uma mulher casada com nenhum deles. Sinto-me feliz só em pensar que me desejam. Todas as noites, quando durmo, sonho com outro homem. Eu o conheço, ele me faz feliz, nos encontramos algumas vezes. Acordo bem alegre, mas assim que vejo o funcionário da fazenda, meu coração parece desfalecer. Ao mesmo tempo em que sinto desejo por ele, sinto medo. Não sei por que sinto isso, esses sentimentos tão diferentes.

Aquelas palavras foram caindo como pedras, machucando os sentimentos de Juvêncio, dando a ele poucas esperanças de conquistar o coração da jovem. Mas ele não se dava por vencido, tentaria investir nesse sentimento.

Enquanto a jovem orava diante do altar, ele sai do confessionário e fica esperando por ela. A chuva ainda continuava a cair fortemente, quando Gina, terminando de orar, vira-se e vê diante da porta da igreja, aguardando-a, o jovem Juvêncio. Ela sente um calafrio, não esperava encontrá-lo ali. Mostrando uma calma aparente, ela fica esperando enquanto ele se aproxima.

– Boa-tarde, Gina.

– Boa-tarde.

– O que faz aqui numa tarde como essa?

– Na verdade, eu entrei aqui pra me abrigar da chuva e aproveitei para me confessar.

– Você tem tanto pecado assim? – disse ele, sorrindo.

– Por que você diz isso?

– É que faz tempo que estou lhe esperando, você ficou um tempão no confessionário.

A moça ficou sem jeito diante do comentário feito por ele.

– Desculpe pelo comentário, fui grosseiro?

– Não, não é isso – disse ela, saindo, mas foi segura pela mão por ele.

– Gina, por favor, me dê um minuto de sua atenção.

Ela ficou gelada ao toque de suas mãos e de suas palavras, seu coração começou a acelerar. Olhando nos olhos dele, sentiu como se fosse desmaiar. Ela foi amparada por ele, que a colocou sentada no banco.

– Você está bem?

– Não, eu estou quase sem forças. Acho que é porque não comi nada hoje.

– Quer vir até minha casa? Minha mãe te ajudará. Você repousa um pouco e depois te levarei para a fazenda.

Gina foi para a casa de Juvêncio e sua mãe, dona Eugenia, preparou-lhe um lanche. Depois de se alimentar, sentindo-se bem melhor, ela quis voltar para casa.

– Não, filha, de jeito nenhum, Juvêncio irá acompanhá-la.

– Não precisa, dona Eugenia, já estou me sentindo melhor.

– Não, filha, não é incômodo algum – disse ela, chamando Juvêncio, que já tinha preparado a charrete para levá-la. O cavalo de Gina estava amarrado atrás. Assim, eles partem com destino à fazenda.

Juvêncio acariciando suas mãos e vendo que ela correspondia aos seus carinhos, parou a charrete e a beijou. Ela correspondeu aos beijos e carinhos do jovem, dando a ele esperança. Isso ficou em sua mente, ele poderia conquistá-la. Mesmo depois de ouvir sua confissão, ele estava certo de que tinha chances com ela.

Capítulo VII

A Verdade

Gina, a cada dia que passava, mais esperanças fazia brotar no coração dos dois homens, mas eles não sabiam por quem ela estava perdidamente apaixonada. Eurico não imaginava que esse amor existia; para o seu coração, o escolhido era ele. Juvêncio já sabia dos verdadeiros sentimentos da jovem. O felizardo era André, filho de espanhóis que estava há poucos anos morando na capital. Todas as vezes que ele vinha passar uma temporada na fazenda dos pais, eles se encontravam.

André conheceu Gina em uma festa de casamento que houve na região. Lá estavam todas as famílias dos fazendeiros.

Ele, acompanhado de amigos, cortejava as prendas, que, com seus vestidos rendados e coloridos, caminhavam por entre o imenso jardim. Logo que André viu a figura de Gina, perguntou a seu amigo:

– Marcos, quem é aquela guria que ali vai?

– Aquela é Gina. Uma potranca indomável.

– Potranca indomável?

– Sim, isso mesmo, ela encanta a todos, só que não ama ninguém, seu coração é selvagem, ninguém até agora conseguiu sequer laçá-lo.

– Hum! Interessante!

– É muito bela a guria, não acha, André?

– Sim, muito bela – disse ele, afastando-se e indo em direção à jovem, que estava longe do grupo de amigas.

– Onde tu pensas que vais? – perguntou Marcos.

– Vou jogar o meu laço – sorriu André.

Marcos ficou rindo e, de longe, observava a cena que se desenrolava. Naquele instante, a vida de dois seres estava começando a se cruzar novamente. Ela estava olhando distraidamente para uma linda figueira que, com seus enormes galhos, quase tocava o chão.

– Que árvore frondosa, não achas? – disse ele, aproximando-se.

Gina não tinha percebido a aproximação de André, portanto, foi pega de surpresa. Ela olhou rapidamente e sorriu ao vê-lo.

– Não percebi que vinha alguém.

– Te assustei?

– Claro que não! Tu não és um bicho do mato! – respondeu ela.

– E se eu fosse? Tu me domarias?

– Olha que sou boa nisso, me dê um potro selvagem e verás do que sou capaz.

– Geralmente, quem doma é porque não quer ser domada.

– Por que está a me dizer isso, senhor?

– Perdoe-me, senhorita. – André. A seu dispor.

– Muito prazer, André, sou Gina.

–Sim, eu já sei, procurei saber de você antes de me aproximar.

Gina sorri ante o galanteio que acabara de receber. Os dois iniciam uma conversa agradável, pareciam já amigos de muito tempo.

A festa estava animada, a música era ouvida em todos os lugares, com som dos gaiteiros que a todos contagiam. O cheiro delicioso de carne, que estava sendo assada em grandes pedaços nos espetos fincados em buracos feitos no chão, também exalava por todo lado.

Alguns homens com suas vestimentas tradicionais ficavam olhando os espetos para não deixar a carne queimar. Outros serviam vinho à vontade aos convidados. Gina e André não se largaram a festa toda.

Muitas vezes, se aproximavam do gaiteiro e pediam para que ele tocasse um vaneirão, e os dois saíam a bailar pelo jardim. Seus pais viram que a moça estava feliz, mas, como não conheciam o rapaz, foram perguntar para o anfitrião da festa.

– Compadre Rodrigo! Diga-me, quem é aquele rapaz que está dançando com minha guria? – perguntou o senhor Mario.

– Não se preocupe, compadre, aquele é André, filho de amigos – sorriu ele, vendo a preocupação estampada em seu rosto – O rapaz é advogado, e trabalha na capital.

O senhor Rodrigo relata ao seu compadre Mario quem é André, alguns fatos que ele julga importantes da vida do rapaz. O pai de Gina está feliz com o relato. Dona Carmem, sua mãe, aproxima-se com a filha.

– Compadre, sua festa está muito animada!

– Obrigado, comadre.

– A sua bênção, padrinho – pediu Gina, beijando a mão do senhor Rodrigo.

– Deus te abençoe, filha. Não a tinha visto. Onde estava?

Gina estava iniciando a sua resposta quando alguém se aproxima e diz:

– Ela estava em minha companhia, meu tio.

Ao ouvir aquela voz, Gina vira-se e vê André sorrindo, com umas flores que apanhara no jardim.

– Essas flores são para a prenda mais bela dessa festa – e ele entrega as flores para ela. Era a primeira vez que ela recebia flores de um homem. Sorridente, ela as recebe e, cheirando-as, beija-as demoradamente, olhando para o jovem, que está sorrindo.

– Pelo visto já se conhecem? – disse o senhor Rodrigo.

– Sim, tio, nós já nos apresentamos.

– Pois venha cá, meu sobrinho, quero lhe apresentar meus compadres. – Esse é André, o orgulho da família – disse Rodrigo, batendo com a mão nos ombros do sobrinho – Ele é filho de minha irmã, Angelina, que mora na capital.

Os pais de Gina ficam encantados em conhecer o rapaz, que além de belo, era muito educado. Ele era o sonho de todos os pais para suas filhas. E, pelo sorriso dos dois jovens, as coisas estavam bem encaminhas. Foi o assunto de dona Carmem e seu Mario o resto do dia.

– Carmem, parece que agora minha filha achou um homem que mexeu com seu coração.

– Parece? Ela o encontrou, meu esposo, olhe o brilho nos olhos dela.

A festa continua animada, muitos casais dançam todos os estilos de músicas tocados pelos gaiteiros. Eles eram um dos casais mais animados da festa. Naquele momento, estavam selando o reencontro de dois espíritos que em outras vidas muito se amaram. Os amigos da espiritualidade comemoravam aquele reencontro.

No coração daquela jovem, que até então só tinha se encantado por cavalos e animais selvagens, um homem estava mexendo com seus mais puros sentimentos. Uma nova Gina, doce, sorridente, de espírito alegre, aquela moça que parecia uma fera indomável havia se transformado em outra mulher. O brilho no olhar dos dois era notado por todos os amigos mais chegados. No fim da festa, as famílias já estavam se conhecendo.

Uma forte amizade estava renascendo entre elas. A única pessoa que estava feliz, mas um pouco preocupada, era dona Carmem. O que aconteceria quando Gina voltasse para a fazenda? Qual seria a reação de Eurico e do jovem Juvêncio assim que soubessem das novidades?

A festa já estava terminando quando os pais de Gina estavam se despedindo dos anfitriões. Eles foram pegos de surpresa com o pedido da filha mais nova do compadre Rodrigo:

– Senhora Carmem, a Gina poderá pernoitar aqui hoje?

– Mas, Ritinha, vocês já passaram o dia juntas. Ainda têm assunto para conversarem?

– É que ficarei sozinha, minha irmã vai embora pra casa dela, e o meu quarto é muito grande, não gosto de dormir sozinha – disse a jovem.

– Não sou eu quem decide, minha filha, peça para o seu pai – responde dona Carmem, olhando para a sua filha. Gina se aproxima do pai, que está conversando com o compadre Rodrigo.

– Com licença, meu pai.

– Diga, minha filha.

– Ritinha quer que eu pernoite hoje aqui, o senhor permite?

– Serás bem-vinda, filha – disse o seu padrinho, abraçando-a. – O compadre não fará nenhuma objeção.

– Bem, diante de um pedido de seu padrinho, acho que não tenho alternativa a não ser concordar.

– Obrigada meu pai – responde ela, eufórica, beijando sua mão – a sua bênção.

As duas saem correndo em direção ao interior da casa. Eles ficam sorrindo com a alegria das jovens.

– Ah, essas duas! – disse dona Carmem, sorrindo.

– Não se preocupe, comadre, cuidarei bem dela.

– Fico tranquila, compadre. Sei disso.

Os pais de Gina voltam para a fazenda. O senhor Mario dirige a charrete, a lua já se faz alta, as estrelas brilham no céu, formando um tapete estrelado. Os dois estão felizes. Parecem dois jovens enamorados, o senhor Mario acaricia a mão da esposa. Ela responde o carinho encostando sua cabeça no ombro dele.

Enquanto isso, na casa do senhor Rodrigo, André está feliz porque Gina tinha permanecido ali. Os dois trocam olhares e cochichos.

O senhor Rodrigo, depois que os convidados foram embora e só restavam os parentes na casa, estava na varanda tomando chimarrão, acompanhado de André e de seu pai, o senhor Fernando. Eles conversam animados, quando André pede licença.

– Meu pai, meu tio, vou me recolher.

– Vá, meu filho, diz o pai.

André pede a bênção dos dois e dirige-se ao interior da casa. Ele busca por Gina, mas não a encontra e segue para seus aposentos. Andando pelo corredor que dá acesso aos quartos, entretanto, ele ouve risos, aproxima-se da porta e reconhece Ritinha e Gina rindo. Ele tem vontade de entrar. Seu coração ao ouvir a voz de Gina, bate acelerado.

Feliz, ele retira do bolso de seu paletó um lenço, que coloca embaixo da porta. Não demora e Gina, que está em pé enquanto Ritinha já está deitada, vê o lenço. Esperta como ela é, logo adivinha quem é o dono daquele lenço. Rapidamente, ela inventa uma desculpa.

– Vou até a cozinha tomar água.

– Mas tem água aqui, Gina – disse Ritinha, apontando uma jarra que está em uma mesa ao lado.

– Não! Eu quero água da tina, está mais fresca. Estou com muito calor, assim não vou conseguir dormir.

– Está bem. Eu vou é dormir – disse Ritinha, virando de lado e se cobrindo.

Gina sai apressada do quarto e, quando fecha a porta, outra porta de um quarto próximo se abre, e aparece André. Ela está vestida com roupa de dormir, toda de branco, deixando-a mais linda ainda.

Sorrindo, André falou ao vê-la:

– Um anjo surgiu em minha vida.

Ela sorri e se aproxima dele. Ele a puxa pelo braço e a enlaça, dando-lhe um longo e caloroso beijo.

Gina se entrega ao calor daquela paixão. Desde que o encontrou estava com o coração em brasas. O mesmo acontecia com ele. Os dois se envolvem em um abraço carinhoso. André a traz para seu quarto e, fechando a porta, lhe diz:

– Onde estavas? Por que só agora a encontrei? É como se eu te buscasse por toda minha vida.

– André – sussurrou ao seu ouvido. – Não sei o que está acontecendo comigo, quando te vi, algo explodiu dentro do meu peito, é como se um amor estivesse esperando para desabrochar, e você chegou para fazê-lo.

– Não fale nada, querida, apenas me beije, deixe eu te amar.

Os destinos se cruzam e, novamente, o amor fala mais alto; eles se entregam à paixão. Um amor que estava adormecido desperta para a vida. A partir daquele instante, suas vidas não serão mais as mesmas.

Eles passam a noite juntos. Logo pela manhã assim que ouve o galo cantar, Gina deixa os braços de seu amado e vai sorrateiramente para seus aposentos. Ritinha dorme tranquila, ela se deita em sua cama e fica sorrindo lembrando-se da noite e dos momentos que passou ao lado do seu amor.

– Meu Deus! – pensava ela – Nunca me senti assim. Estou apaixonada.

No outro quarto, o mesmo acontecia com André. O dia amanhece e a felicidade é estampada no sorriso dos dois. Fernando, o pai de André comenta com Rodrigo sobre a felicidade que seu filho está sentindo.

– Meu cunhado, há tempos não via meu filho tão entusiasmado por uma moça como o vejo agora.

– É, está na hora mesmo, André já é um homem feito e precisa arrumar uma boa mulher. E me dar uns sobrinhos, não acha, Fernando?

– Sim, meu cunhado, preciso que minha família aumente, nossa casa está muito grande somente para nós. Quero a casa cheia de netos.

– Pois olhe, meu cunhado, a escolha de André foi muito acertada. Gina é uma boa guria. Não é tão prendada – sorriu o padrinho de Gina – mas é trabalhadeira, e muito amorosa.

– Isso me deixa muito feliz, Rodrigo, ao mesmo tempo tranquilo, gostei muito dos pais dela.

– Verdade, meus compadres são gente muito trabalhadeira, honesta.

Os dois terminam de tomar uma cuia de chá, e resolvem dar uma volta pela fazenda.

Capítulo VIII

A Briga

Numa tarde de domingo, Eurico foi até a venda do patrimônio comprar alguns mantimentos a pedido do patrão. Assim que entrou na venda, dirigiu-se ao balcão e pediu um trago. Juvêncio estava atendendo outros fregueses e pediu para que o negrinho Sagui, que o ajudava na venda, o atendesse.

Ele entregou a lista de mercadorias. Enquanto Eurico bebia uns tragos, Sagui preparava a encomenda. Depois de muito tempo, e de ter tomado uns bons goles, ele começou a picar um pedaço de fumo de corda e preparar o seu cigarro de palha.

Juvêncio apenas observa, permanecendo calado. Depois de ter aprontado toda a mercadoria, Sagui se aproxima de Eurico e diz:

– A mercadoria do senhor já está preparada.

– Coloque na carroça pra mim.

Resmungando, Sagui foi atender o pedido.

– O que tu disse, pirralho?

– Nada.

– Respeito, seu negrinho – disse ele, pegando o moleque pela orelha.

– Aihhhhhhhhhh! – gritou Sagui.

Quando Juvêncio viu a cena, pulou o balcão e foi de encontro ao agressor, acertando-o com um soco. Eurico se desequilibrou, e acabou caindo. Raivoso, ele se levantou e, como um touro, foi pra cima de Juvêncio.

Os dois começaram a lutar e acabaram do lado de fora da venda. Rapidamente, outros homens se aproximaram e começaram a instigá-los até que um deles gritou:

– Os dois acabaram por perder a potranca selvagem, e agora querem se matar!

Ao ouvirem aquelas palavras, ambos caíram na realidade e pararam de brigar. Eles começaram a se limpar, e Eurico falou:

– O que foi que eu ouvi?

Todos ficaram em silêncio, ninguém abriu a boca.

– O que foi que falaram? O que tem a potranca?

O solêncio continuou.

– Ninguém vai falar nada? – reclamou Juvêncio.

– Eles falaram que oceis perderam a potranca! – disparou Sagui.

Eurico pegou o chapéu que estava no chão e, limpando-o, disse:

– Eu não vou perguntar de novo.

– Fui eu quem falou, Eurico – disse Zé do fole – eu falei o que todo mundo tá falando aí nas redondezas. Que os dois foram passados para trás.

– Como assim, Zé? – quis saber Juvêncio.

– A moça Gina, ela vai se casá com o doutô da capital.

Os dois ficaram irados com a novidade. Depois de saberem o que tinha acontecido no casamento da filha do senhor Rodrigo, eles entraram na venda e começaram a tomar uns tragos juntos, para afogar as mágoas, já que ambos amavam muito a linda Gina.

Gina ficou sabendo da briga que os dois tinham travado, também por sua causa, já que os dois há muito tempo estavam trocando farpas. Ela permaneceu mais em casa, evitando cavalgar ou mesmo ir até o rio se banhar, como era seu costume. O que sua mãe, dona Carmem, deu graças a Deus.

As semanas passaram e André vai à fazenda dos pais de Gina e pede-a em namoro. Eles ficam felizes com o pedido. Quem não aceita a novidade são os dois pretendentes, que acabaram por perder a prenda indomável para o almofadinha da capital. E isso fez com que os dois se tornassem amigos.

Os meses passaram e chegou o dia do casamento. Os noivos, mais apaixonados ainda, vivem momentos de juras de amor. Logo que o dia amanheceu, Eurico foi chamado ao gabinete do patrão.

– Hoje é o casamento da minha filha, eu não quero que nada dê errado, você entendeu?

– Pode deixar, patrão, nada vai dar errado. O gado já foi abatido, e as carnes todas estão preparadas.

– Pois bem. Pode ir.

Assim que saiu do gabinete, ele encontrou sua amada saindo de uma sala. Os dois se olharam, Gina tentou dirigir-lhe a palavra, mas ele saiu cabisbaixo, deixando-a sozinha.

De longe, sua mãe observou a cena e, chegando perto da filha, que estava olhando Eurico abrir a porta da sala e sair, disse:

– É melhor assim, filha.

– Mamãe, mas eu queria lhe falar.

– Filha, você alimentou esperança ao coração de Eurico, ele está magoado, deixe-o só. Não o faça sofrer mais.

Gina brincava com os sentimentos tanto de Juvêncio como com os de Eurico, mas, depois que conheceu André e sentiu o verdadeiro amor, estava com remorsos. Queria desfazer o mal-entendido. Dona Carmem tirou de sua cabeça essa ideia.

Os primeiros convidados começam a chegar. Uma grande festa, todos estão felizes. O casamento é realizado. A festa vai até altas horas. Tudo corre tranquilamente, os dois renegados bebem demais e acabam não participando. Logo que o dia amanheceu, os recém-casados partiram para a capital. Um novo caminho está sendo preparado para que os dois comecem a trilhar novamente. Eles vivem um intenso amor.

Assim que as cenas se apagam na tela que se formou diante deles, Custódio começou a chorar, e foi envolvido por Neusa. Raul também está emocionado, embora muitas revelações ainda viriam à tona e transformariam sua vida para sempre.

Capítulo IX

A Promessa

Depois do que aconteceu aquela noite na praia, as visões e revelações deixaram Custódio pensativo, mais calado; ficou uns dias sem beber. A entidade que o acompanhava estava sendo ajudada pelos trabalhadores. Vingança era a única palavra que dizia e estava sendo mantida sob os efeitos de energias que a acalmavam. Na realidade, aquilo servia para dopá-la, já que estava muito agressiva.

Os dias passam e o pequeno Flávio, cada vez mais preocupado com sua mãe, e a pedido de dona Cleusa vai até o armazém, na zona portuária, onde Custódio trabalhava. Jurandir, o esposo de Cleusa, acompanhou o pequeno. Enquanto o bonde cortava as ruas da cidade, o menino permanecia calado. Sua única preocupação era pensar se encontraria seu pai?

Jurandir também estava preocupado, pois o estado de saúde de Neusa era grave. Olhava para o garoto e tentava distraí-lo. Tudo em vão, ele permanecia calado. Eles se aproximaram dos armazéns e se dirigiram ao local onde Custódio trabalhava. Chegando lá, Jurandir perguntou ao encarregado:

– Boa-tarde! Preciso falar com o Custódio.

O encarregado, reconhecendo Jurandir, respondeu:

– Ele estava por aqui agorinha mesmo. Vou ver se o encontro. Esperem aqui.

O homem desapareceu entre as imensas pilhas de cereais ali estocados.

Raul viu quando os dois se aproximaram do armazém, e sentiu uma alegria imensa ao ver o pequeno amigo. Aproximou-se lentamente e, sem ser notado por Flávio, tocou seus ombros. O pequeno, que estava triste, esboçou um sorriso e, voltando-se para Raul, abraçou, fortemente e começou a chorar.

– Flávio, meu amiguinho, o que aconteceu, por que está chorando? – disse, erguendo-o – o que fazem aqui? – perguntou, olhando para Jurandir e esperando uma resposta, enquanto Flávio soluçava sem parar.

Jurandir se aproximou de Raul e começou a falar o que estava acontecendo. Raul ficou preocupado com o relato que ouviu.

– É por isso que estamos aqui, viemos procurar por Custódio. Dona Neusa está muito doente.

– É verdade, tio Raul, minha mãezinha está muito doente, ela tosse a noite toda, não consegue mais costurar.

– Fique tranquilo, meu querido, eu vou ajudar sua mãe e você.

Eles conversaram mais um pouco. A tristeza que antes estava nos olhos de Flávio foi substituída por um brilho. Apesar do seu semblante abatido, demonstrava um leve sorriso nos lábios.

O encarregado voltou, mas sem a presença de Custódio.

– É, eu não o achei, deve estar em outro galpão, ou foi descarregar um navio que atracou hoje cedo.

O que eles não sabiam era que Custódio escutava toda a conversa, agachado atrás de uma pilha de sacas de café.

Com as mãos, ele esconde o rosto pela vergonha. Sentia-se culpado pelo que estava acontecendo.

– Por que, meu Deus? – perguntava ele, bem baixinho – O que eu fiz com a Neusa? Se ela morrer, eu serei o único culpado. Meu Deus! Que crápula eu fui; por que a fiz sofrer tanto?

Custódio nunca derramou uma lágrima, mas, pela primeira vez, seus olhos estavam cheios d'água. Eles ainda permaneceram alguns minutos ali.

O encarregado foi colocado a par dos acontecimentos. Custódio não teve coragem de se apresentar. Raul pediu para acompanhá-los e o encarregado autorizou, dizendo:

– Se precisarem de alguma coisa, podem me procurar.

Flávio, nos braços de Raul e acompanhado por Jurandir, desapareceu no pátio, entre homens que carregavam sacarias e outros que, com seus rodos enormes, amontoavam os cereais que acabavam por vazar das sacarias.

No coraçãozinho de Flávio, uma pergunta:

– Será que Jesus vai curar minha mãezinha?

Já no bonde, Flávio sentou perto de Raul e, segurando sua mão permaneceu calado, apenas ouvindo a conversa. O vento que vinha da praia parecia cantar aos seus ouvidos. As folhas dos coqueiros balançavam lentamente.

O pequeno estava cansado e acabou por adormecer. Raul, com cuidado, colocou-o deitado no banco, com a cabecinha em seu colo. Jurandir via o carinho com que Raul tratava o pequeno e chegou a dizer:

– Coitado do Flavinho, nunca teve carinho de um pai.

Raul sorriu diante do comentário e pensou: *"Onde estarão meu filho e o grande amor da minha vida?"*

Depois de algum tempo, eles chegaram à casa e encontraram dona Cleusa aflita, esperando por eles na porta.

– Ainda bem que chegaram.

Flávio pegou Raul pela mão e o levou para o quarto, onde estava dona Rita; uma benzedeira chamada por dona Cleusa.

O ambiente estava na penumbra. A janela estava apenas com uma fresta aberta, pela qual entravam os últimos raios de sol da tarde. Raul levou um susto ao ver de quem se tratava.

"Meu Deus! Não é possível?" – pensou ele.

Aquele rosto irreconhecível era de Neusa, irmã de sua amada.

– O que aconteceu com você, Neusa? – perguntou, sentando-se em uma cadeira ao lado do leito.

Flávio foi pelo outro lado da cama e, pegando a mão de sua mãe, falou:

– Mamãe, acorde, eu trouxe ajuda. É o tio Raul, ele vai ajudar a senhora. Vai levá-la para o hospital.

Ela abriu os olhos profundos e, apesar da fraqueza geral de seu corpo, o reconheceu. Com dificuldades, tentou dizer alguma coisa, mas um acesso de tosse não a deixou continuar. Cleusa abriu a janela, clareando mais o ambiente.

Raul sentiu uma dor no peito ao ver o estado em que se encontrava Neusa.

"Onde estava a mulher bonita que ele conhecera? Ali, diante dele, estava uma mulher acabada, sofrida, maltratada pela vida. Parecia que a cruz que carregara era pior que o peso da cruz do Cristo" – pensou ele.

– Como vai, Neusa? Lembra-se de mim?

– Claro! Raul, graças a Deus você chegou. Obrigado, meu Deus, por ouvir minhas preces.

– Não fale, Neusa, você está muito fraca, depois nós conversaremos.

– Não! Eu tenho que lhe dizer algo muito importante. Flávio, venha até aqui, meu filho – disse ela, com a voz muito fraca.

O pequeno deu a volta e se aproximou de Raul, sentando-se na beirada da cama e estendendo a mão para sua mãe.

– Dê-me sua mão, Raul. – Ele colocou a sua sobre as mãos dos dois.

– Agora eu posso partir em paz. Cuide do pequeno Flávio, Raul. Eu cuidei dele até agora. Ele é o...

Ela não conseguiu terminar a frase. Seus olhos perderam o pouco brilho que existia e, lentamente, ela os fechou, tombando a cabeça para o lado. O pequeno Flávio começou a chorar.

– Mãezinha, não me deixe – pedia o menino, baixinho.

Os amigos que presenciavam aquela triste partida estavam emocionados. Raul beijou a mão de Neusa e falou:

– Obrigado, minha amiga, por ter cuidado dele.

E, olhando para o pequeno que estava deitado sobre o peito de Neusa, disse:

– Não chore, meu filho, cuidarei de você, não viu o pedido de sua mãe?

O casal, vendo a cena, tentou tirar Flávio dali, mas ele, ainda agarrado ao corpo desfalecido, gritou, olhando para o lado:

– O senhor não fez nada por ela! O doutor falou que ela iria ficar boa!

Os demais não podiam ver, mas o pequeno via o plano espiritual ali presente, desligando os laços fluídicos com facilidade, pois estes estavam frágeis.

Eles começam a orar o Pai Nosso, e o plano aproveitou para aplicar energias revigorantes no espírito de Neusa, que estava sonolenta, mas, ajudada pelos amigos, conseguiu se aproximar dos dois e os beijou. Acariciando o rosto de Raul, disse:

– Querido Raul, imagino o quanto deve ter sofrido pela falta de notícias, vivendo com a dúvida. O que teria acontecido com sua família? Meu irmão, em Jesus eu entrego o seu filho. Meu querido filho do coração. Ame-o muito. É um menino de ouro. Ele precisa muito do seu amparo.

Raul sentiu uma energia invadi-lo, como se estivesse recebendo um abraço caloroso.

– Obrigado, meus queridos amigos, pela amizade sincera, pelo amor que sempre demonstraram sentir por mim e pelo meu filho. Somente Deus para lhes pagar tudo o que fizeram por nós. Estejam certos de que estarão em minhas preces, em forma de gratidão, e não sairão do meu coração.

Neusa despediu-se dos amigos com um sorriso.

Capítulo X

A Vingança

Muito impressionado com tudo o que aconteceu, Custódio comentou com Zé Paulo que voltaria para os trabalhos lá no centro. No dia e na hora combinada, lá estavam eles. O grupo já havia iniciado o trabalho e, depois de muitos atendimentos, chegou a vez de Custódio. O mesmo processo aconteceu, depois de receber o tratamento espiritual, o Preto Velho fez a limpeza, retirando as energias negativas e escuras que ainda estavam impregnadas. Custódio, em transe, iniciou a viagem ao seu passado.

Acompanhado por Neusa, já restabelecida, ele agora sentia-se mais tranquilo.

– Meu querido, tenha confiança e não se deixe envolver pelas emoções, porque elas serão fortes. Lembre-se de que você está preparado e amparado. Tudo isso que será revelado a você hoje é para que entenda o porquê das coisas acontecerem, a necessidade de mudar o caminho que estamos seguindo e também as nossas atitudes.

Custódio (Eurico) voltou para a fazenda no interior do Rio Grande do Sul. Alguns anos se passaram, ele havia se casado, mas agora estava viúvo, morando com a filha Maria do Carmo, bela jovem que o ajudava nos afazeres da fazenda. Ela ficava mais na casa do pai e, às vezes, ia até a Casa-grande, onde ajudava a patroa.

Juvêncio ainda permaneceu alguns anos no patrimônio. Depois, foi morar próximo da capital, era responsável pela administração de uma fazenda, onde veio a constituir família.

Gina e o esposo André dificilmente vêm até a fazenda. Eles têm um casal de filhos. No coração de Eurico, o sentimento por Gina ainda estava na lembrança. Das vezes em que ele a viu andando na fazenda com seu esposo, outras vezes com os filhos, ela praticamente o ignorou. Isso o deixou muito magoado.

Certo dia, ela caminhava com as crianças ainda jovens pelo jardim, quando ele se aproximou a cavalo e, parando bem próximo deles, ficou a observá-los. Gina pegou os filhos pelas mãos e entrou rapidamente na Casa-grande. Sua mãe, que observava a cena, comentou:

– Por que agiu dessa maneira, minha filha? Deveria tê-lo cumprimentado.

– Mamãe, a senhora não viu o ódio que havia em seu olhar?

Depois dessa vez, eles demoraram cinco anos para retornar à fazenda. Agora, a filha de Gina, a pequena Cristina, havia se tornado uma bela moça, muito parecida com a mãe. Ela era amiga da filha de Eurico, a jovem Maria do Carmo. As duas costumavam andar a cavalo pela fazenda ou iam até o rio, onde ficavam nadando nas tardes de muito calor.

Numa bela tarde, a filha de Eurico não pôde acompanhar a jovem Cristina. Ela, então, pediu a ele que aprontasse a charrete, já que ela queria ir até o rio, mas não queria ir a cavalo.

– Pode deixar, vou atrelar um animal manso.

– Agradecida – disse a jovem, que ficou esperando na varanda.

Assim que a charrete chegou, ele a ajudou subir. Ela olhava para ele com certo interesse. Ele havia se tornado um homem interessante, com os cabelos grisalhos. Eurico, vendo que seus olhares começavam a se cruzar em muitas ocasiões, começou a se interessar pela jovem.

A charrete ia pelo caminho enquanto ele seguia a cavalo, observando de longe. A certa altura do caminho, ouviu o relinchar do animal, que estava saltando com as patas dianteiras, fazendo com que a jovem Cristina caísse da charrete. Eurico, mais que depressa, galopou até o local. O cavalo, assustado, disparou, e a jovem ficou desacordada. Próximo dali havia uma cobra morta. Ele apeou rapidamente e foi socorrê-la. Tentou reanimá-la e não conseguindo, tirou de seu cinturão uma vasilha de couro com água e derramou um pouco em seu rosto, fazendo-a despertar.

Naquele momento, com Cristina em seus braços, ele teve a nítida impressão de estar com a jovem Gina. Ao abrir os olhos verdes, ela sorriu e ele, num momento, relembrou sua louca paixão e acabou por beijá-la. Ela correspondeu aos seus beijos, já que, desde o momento em que o viu, depois de muito tempo que estiveram separados, se interessou por ele. A jovem Cristina estava, na realidade, apaixonada por Eurico, o fator da idade era um dos principais motivos, o outro era desafiar sua mãe, como sempre fazia. Isso aconteceu porque, certa vez, ouviu sua mãe conversando sobre a viuvez de Eurico e sua avó comentou como seria a vida de Gina se estivesse casada com ele.

– Mamãe, pelo amor de Deus! Nem toque nesse assunto, aquilo que tivemos foi coisa de meninice. Eu queria apenas brincar com ele. Gostava sim dele, mas... Não como homem para casar e ser o meu marido. Jamais me casaria com ele, mamãe.

– Mas, filha, sabe que ele sofreu muito depois do seu casamento?

A conversa foi ouvida pela jovem Cristina. Para desafiar sua mãe, esta começou a se interessar por Eurico. Tramou algo para envolvê-lo, somente para descontentar seus pais, principalmente sua mãe, que a proibia de tudo.

Naquele momento, entre beijos e carícias trocados, ela viu a oportunidade que tinha nas mãos. Ele também ainda sentia ódio por Gina, por ter sido trocado por André, e se deixou envolver.

Depois de um tempo, ele a levantou e, vendo que não tinha se machucado, colocou-a em sua garupa e cavalgou pelo campo afora. Ali estava iniciando um relacionamento que em muitas vidas havia existido, e mais uma vez tramavam contra a felicidade de Gina. Apesar de, no início, ambos aproveitarem a oportunidade para a vingança, estava surgindo realmente um sentimento entre os dois.

Os dias passaram e praticamente todas as tarde eles se encontravam. As semanas passaram, e Cristina revelou a sua mãe que estava grávida. Gina ficou desesperada ao saber a notícia. Tentou agredir a filha, dizendo que ela teria que realizar um aborto.

– Jamais vou fazer um aborto.

– Você vai sim, seu pai não poderá saber disso. Eu quero um belo futuro pra você, minha filha. Essa criança só irá impedir sua felicidade.

– Não vou abortar. Eu quero essa criança, ela foi feita com muito amor – disse a jovem, olhando os campos pela janela – Ela vai ser como uma flor do campo, linda, mimosa e perfumada.

– Flor do campo? O que quer dizer com isso?

– Essa criança foi feita nessa terra, mamãe.

– Meu Deus, a coisa é pior do que eu pensava – disse a mãe, desesperada, colocando as mãos na cabeça.

– Por que a senhora me recrimina? Ouvi dizer que a senhora, quando jovem, era como uma bela potranca. Que encantava os funcionários e os jovens do vilarejo.

Ao ouvir aquelas palavras, Gina perdeu o controle, ficou muito irritada com o comentário feito por sua filha, levantou-se e a esbofeteou, derrubando-a no chão. Naquele momento, houve uma energia muito ruim, ódio, misturado com revolta, brotou dos corações da mãe e da filha.

– A senhora não deveria ter me batido.

– Você mereceu, Cristina.

– Agora mesmo que não vou retirar essa criança. E quer saber mais? Saio desta casa. Já que a envergonho, deixo-lhe mais tranquila.

– Para onde vai?

– Vou viver com o pai dessa criança.

Dizendo isso, ela deixa o quarto e se dirige para fora da Casa-grande. Gina corre atrás da filha e, segurando-a pelo braço, questiona, gritando:

– Onde pensa que vai, mocinha?

– Já lhe disse, vou viver com o meu homem.

– Quem é o pai dessa criança?

– Você o conhece muito bem, mamãe – disse ela, rindo.

Nesse momento, dona Carmem chega e presencia a discussão:

– Acalmem-se, minhas filhas, por que isso? Por que brigam? – perguntava ela, nervosa, ao ver as duas se ofenderem, coisa que jamais tinha visto.

– Nada, vovó, sua filha, que está muito nervosa, me agrediu. Veja, chegou a tirar sangue de minha boca – disse ela, mostrando a mão.

– Gina, minha filha! O que houve? Está transtornada – recriminou dona Carmem.

– Mamãe, a senhora não sabe da missa um terço, uma desgraça aconteceu na nossa família, sua neta está grávida! E de um matuto!

– Eurico não é um matuto, mamãe! – gritou Cristina – E você já sabe muito bem.

Novamente, Gina agrediu sua filha, esbofeteando-a, só que agora Cristina revidou, furiosa.

– A senhora nunca mais vai me bater – disse ela, cuspindo no rosto da mãe e indo em direção à casa de Eurico.

Aqueles dias foram de muito transtorno. Gina, revoltada com a atitude da filha e também de Eurico, resolveu ela mesma tomar satisfação. O que Gina não sabia é que seu filho, Eduardo, para piorar a situação e para se vingar de Eurico, acabou violentando a jovem Maria do Carmo. Ele a levou para o paiol sob o pretexto de juras de amor verdadeiro e, amarrando-a, abusou da jovem. Não satisfeito e com muito ódio no coração, ele começou a chicoteá-la e também a chutar seu corpo. A jovem, que estava amarrada e amordaçada, não suportou os ferimentos e veio a falecer.

A revolta tomou conta do coração daquele pai, ao ver sua filha praticamente nua, desfigurada pelas marcas do chicote. Ele não pensou duas vezes, já que o jovem Eduardo passou por ele sorrindo sarcasticamente. Eurico procurou o jovem por toda a fazenda, mas não o encontrou. Ele tinha ido à cidade, e pernoitara por lá.

Cristina estava morando na casa de Eurico. Muito triste com os fatos, ela ajudou a enterrar o corpo da amiga. Eurico estava desconsolado por perder a filha que tanto amava. Naquela mesma noite, ficou de prontidão na entrada da fazenda. Quando o sol estava surgindo no horizonte, Eduardo vem a galope pela estrada e, ao se aproximar da porteira, Eurico o esperava com a arma em punho.

– O que pretende fazer, Eurico? Matar-me?

– Você é um assassino, e não merece ficar vivo.

– Você não tem coragem – disse Eduardo, tombando no chão.

O drama estava apenas começando. Eurico voltou para casa e, olhando sua amada, acariciou sua barriga e beijou-a várias vezes. Depois, saindo para o terreiro, atirou em seu próprio ouvido.

Cristina, ao ouvir o estampido, correu para fora da casa. Eurico agonizava caído no terreiro, o cheiro de pólvora ainda estava no ar. Ela se aproximou e, agachando ao seu lado, perguntou:

– Por que você fez isso, querido?

Ele diz suas últimas palavras:

– Cuide do nosso filho – disse ele, fechando os olhos.

O drama de Gina ainda não estava terminado. Assim que foi informado do que tinha ocorrido ali, com seus filhos, André vem da capital. Desconsolado, ele abraça a filha, chorando.

– Filha, o que aconteceu com nossa família?

Cristina nada respondeu. Estava em estado de choque. A partir daquele dia, ela passou a ser assediada pelo espírito do irmão e de Eurico, que tentava ajudá-la, protegendo-a dos ataques que Eduardo fazia contra ela. Uma perseguição ferrenha se iniciou no plano espiritual. Maria do

Carmo, a filha de Eurico, é ajudada pela mãe, mas os dois homens estão sempre em duelo.

A família voltou para Porto Alegre, André levou a filha aos melhores médicos da capital. Sem obter resultado, ela permaneceu isolada do mundo. Nada que acontecia ao seu redor lhe dizia respeito. Sua saúde piorava a cada dia. Até que chegou o momento do parto. Gina acompanhou tudo, juntamente com a parteira, dona Frida. A criança nasceu bela e sadia, mas a mãe não conseguiu ser salva, e acabou falecendo.

Ela sofreu por muito tempo. O irmão tentava arrastá-la para as zonas inferiores, enquanto Custódio tentava resgatá-la das garras felinas de Eduardo, que se transformara em um verdugo. Sem forças, Cristina acabou se perdendo no Umbral até ser resgatada pela amiga Maria do Carmo. Um elo muito forte existia entre as duas, durante muitas vidas esses dois espíritos estiveram ligados. Um sentimento fraterno as envolve.

Depois do resgate, Cristina permaneceu muito tempo em tratamento. Custódio, vivendo no Umbral, em uma colônia de suicidas, sofria muito pelo ato que cometera, pondo fim em sua vida. Ao mesmo tempo em que duelavam, Eduardo e Custódio eram espíritos ferrenhos que, durante muitas existências, combateram em lados opostos, desde os tempos das cruzadas.

O espírito do jovem Eduardo ainda persegue Eurico, e mesmo depois de reencarnado como Custódio, ele o assedia, fazendo-o beber.

Custódio, ao voltar para a realidade, sentiu-se muito chocado com a revelação. Sentiu a presença de sua companheira, que carinhosamente o amparava e o aconselhava.

– Querido, você pode fazer um novo fim pra sua história de vida. Perdoe!

– Como posso perdoar? Ele destruiu minha vida e minha família!

– Não seja reticente, querido. Alguém tem que pôr um basta nesse rastro de ódio e sangue.

– O que aconteceu com minha filha? Ela conseguiu sobreviver?

– Sim, meu querido, ela foi educada e, depois de jovem, acabou servindo Jesus, durante a vida toda. Graças às suas orações, muitos espíritos foram ajudados.

– Mas eu queria tanto vê-la, isso seria possível? – perguntou ele, chorando.

– Meu querido, essa encarnação foi uma das mais lindas que tive, foi nela que tive o encontro com Jesus.

– Você? Foi minha filha?

– Sim! Meu querido. Eu fui filha de Eurico e Cristina.

– Meu Deus! Mais uma vez eu a fiz sofrer? Sou um crápula mesmo.

– Não diga isso, querido irmão. Você me deu a oportunidade de continuar o meu trabalho junto às obras de Jesus. Outrora eu tinha começado e abandonado por seguir caminhos que me afastaram d'Ele.

Depois de receber muitos conselhos, ele voltou ao normal. Muito abalado com tudo, pediu auxílio a Zé Paulo, que se aproximou e aplicou-lhe um passe. Custódio comentou com Raul o que aconteceu e este ouviu tudo calado. Com a mão no ombro de Custódio, eles caminhavam pela orla da praia, voltando para casa. Na mente de Custódio, somente as últimas palavras de sua esposa. Perdão, perdão.

Capítulo XI

Esclarecendo o Passado

Passados alguns dias, Raul conseguiu trazer Custódio para o antigo lar. Lá estavam esperando dona Cleusa e Jurandir, seu esposo. O pequeno Flávio estava brincando com as crianças da vizinhança.

Muito nervoso com o ocorrido, ele ficou hesitante. A pedido de Raul, ele acabou entrando e cumprimentando os antigos vizinhos, mas permaneceu cabisbaixo.

– Senta, Custódio – pediu Jurandir, puxando uma cadeira.

Ele ainda ficou indeciso, teve vontade de ir embora. Logo que entrou, suas lembranças vieram à tona. Quanto sofrimento, quanta humilhação ele fez a pobre Neusa passar.

"Se pudesse voltar no tempo, ele pediria uma nova chance, mas, diante da realidade, o que fazer, a não ser a dor do remorso que corroía seu coração?" Pensava ele, ao ver cada detalhe do lar que ele nunca tinha observado, como era limpo e arrumado. Parecia ouvir o pedalar da máquina de costura de sua esposa, que, até altas horas, ficava à luz do lampião, trabalhando.

Ele permaneceu em silêncio, olhando pra todos os lados. As lembranças brotavam das paredes, de cada pertence que ali estava. Os outros, vendo que ele conversava com sua consciência, permaneceram em silêncio.

Custódio olhou para um porta-retratos em cima da máquina de costura. Nele, a fotografia de Neusa, sorridente, segurando o pequeno Flávio, e ele ao seu lado. Pareciam uma família feliz.

Ele levantou-se da cadeira e pegou o porta-retratos, colocou-o no peito e começou a chorar.

– Neusa, me perdoe todo o sofrimento que lhe fiz passar. Acho que, em momento algum, fui o marido que você merecia. Nunca fui o pai que esperava.

Os demais observam a cena. Quem o conheceu como um homem rude estava admirado com o que se passava ali. Ao mesmo tempo, era emocionante ver a dor do remorso fluir em forma de lágrimas que insistiam em rolar de sua face.

Depois de algum tempo, voltou-se para os demais e, recolocando o porta-retratos no lugar, falou com a voz embargada:

– O tempo não volta – disse ele, enxugando suas lágrimas.

Raul, depois, começou a falar e o assunto principal era o pequeno Flávio.

– Como sabe, Custódio, seu filho está sendo cuidado pelos vizinhos aqui.

– É, a gente gosta muito dele. E você sabe, né, Custódio? – exclamou Cleusa.

– Nossos filhos sempre foram criados juntos – completou Jurandir.

– Eu sei, Jurandir e dona Cleusa, o quanto vocês gostam dele.

– Sempre que você chegava bêbado em casa, Neusa pedia para ele ir lá para nossa casa – completou a vizinha.

– É, não vamos falar sobre isso, é passado. Temos um assunto mais importante para tratar, Custódio – falou Raul. – O casal não tem condições de ficar cuidando do pequeno Flávio, e você, sendo o pai dele...

– Não sou o pai dele – interrompe Custódio, levantando-se. Já lhe falei, Raul. Não sou o pai do Flávio!

– Mas ele não tem mais ninguém a não ser você, quer queira ou não, você é o pai dele, você o registrou – disse Cleusa.

– Sim, ele tem – respondeu Custódio, olhando para o casal.

– Mas quem é ele? Onde está? Temos que achá-lo – disse Raul.

– Temos que procurá-lo, senão o juizado de menores acaba levando-o para o orfanato – falou Jurandir.

– Bem, acho que chegou a hora de contar a verdade para vocês. Flávio não é meu filho nem da Neusa. A verdadeira história é outra. Minha cunhada, irmã da Neusa, ficou grávida de seu namorado. Meu sogro era uma pessoa muito ignorante, bruto mesmo, chegava a bater nas filhas. Ela ficou desnorteada, nos procurou e pediu ajuda. Ficou em nossa casa alguns meses, depois a criança nasceu. Só que ela não suportou teve problemas na hora do parto e acabou falecendo. Morávamos em um sítio. A parteira que atendia todas as mulheres da redondeza veio atender minha cunhada. Muito triste, ela se aproximou da Neusa com a criança nos braços e falou:

– É, minha filha, sua irmã não aguentou. Ela estava muito fraca, mas conseguiu trazer ao mundo um meninão bonito – disse ela, entregando-o nos braços de Neusa.

– Foi muito triste para nós. A gente gostava muito dela. E, para não falar a verdade aos pais, inventamos que ela havia morrido juntamente com a criança.

– Mas por quê? Não entendi – perguntou Raul.

– Simples, Raul, meu sogro falou que, se um dia a visse ou seu filho, ele mataria os dois.

– Nossa! Que ruindade! – falou Cleusa.

– Pois é, como nós tínhamos perdido um filho logo que nasceu, quatro meses antes, a família não ficou sabendo desse fato, então acabamos por adotar o sobrinho como sendo nosso filho.

Raul estava impressionado com a história.

– Mas onde está o verdadeiro pai do Flávio?

Custódio, em silêncio, pegou o porta-retratos e, entregando-o a Raul, perguntou:

– Olhe para Neusa. Ela não se parece com alguém que você conhece?

Raul, olhando para a foto, não teve mais dúvidas e, com a voz embargada, perguntou:

– Como se chamava a sua cunhada?

– Luzia.

Aquela revelação foi demais pra ele, que pegou uma foto de sua amada na sua carteira e comparou-a com a de Neusa.

– Meu Deus! É por isso que senti uma emoção grande quando vi o pequeno Flávio, e quando Neusa tentou dizer a verdade pra mim, só que não conseguiu dizer a tempo.

– Sim, Raul. Ele é seu filho!

Raul começou a chorar de alegria. O casal ficou também emocionado com a revelação. Ele se aproximou de Custódio e o abraçou.

– Meu amigo, obrigado por ter cuidado de meu filho.

– Desculpe, amigo, mas eu não cuidei de seu filho, sabe bem disso. Na realidade, quem cuidou dele sempre foi a Neusa e o casal de amigos aqui, dona Cleusa e Jurandir.

– Nossa! Que emocionante, seu Raul – exclamou Cleusa. – Eu vi como o senhor o tratou, e achei bonito, mas nunca imaginei que o senhor fosse o pai dele.

– É uma história maluca mesmo. – falou Jurandir.

– Coisas do destino, que só Deus para saber o porquê de tudo isso – disse Raul.

– É isso o que eu tinha a revelar, o seu filho não corre o risco de ir para o orfanato.

Custódio se despediu dos demais e saiu andando pela rua, com o destino em suas mãos. Ele estava sozinho, não tinha família nem parentes.

O que fazer? Muitas vezes, a verdade machuca, mas, nesse caso, trouxe a felicidade para todos os corações envolvidos. No caso de Raul, estava agradecendo a Deus por ter reencontrado o seu filho que, por muitas vezes, imaginava que estivesse morto, outras vezes, que jamais iria conhecê-lo. Custódio estava feliz por deixar o pequeno na companhia de seu verdadeiro pai. Pai que ele nunca chegou a ser. Mas, ao mesmo tempo, o seu coração estava triste pelo sofrimento, pelo remorso, pelos maus-tratos que causou e que, certamente, foram a causa da morte de sua companheira Neusa.

Ele teve vontade de ir dar um abraço no pequeno Flávio, mas achou melhor não. Um crápula como ele não mereceria um abraço de uma criança pura, que, apesar dos maus-tratos, demonstrava respeito por ele. Ou seria medo o sentimento de Flávio por ele? Melhor não, iria seguir sua vida.

Ele seguiu andando pela cidade por muitas horas, colocando as ideias em ordem. O que faria de sua vida? Será que um dia ele conseguiria o perdão de Flávio? Onde estaria sua esposa dedicada, à qual ele não dera o devido valor? Eram perguntas que ele fazia. Quando chegou à pensão onde morava, seu colega de quarto não estava. Ele, naquele momento, se ajoelhou diante da imagem de Jesus Cristo. Pegou a Bíblia de seu amigo, abriu-a, leu um trecho e, depois, fechando-a, fez uma prece cheia de sentimento.

"Senhor! Sei que sou pecador, talvez o Senhor não vá me ouvir, já que errei demais, prejudiquei aqueles que o Senhor colocou em minha vida. Não soube amar, deixei de lado todos os conselhos que recebi de minha adorável mãe."

Fazia muito tempo que ele não se lembrava de sua genitora. Arrependido, ele direcionou um pedido a sua mãe, que sofria diante do quadro obsessivo pelo qual passava seu filho.

"Se você estiver me ouvindo, eu lhe peço, minha mãe, perdoe esse filho ingrato que lhe esqueceu, o meu coração tornou-se de pedra, e meu sangue não pulsa mais em minhas veias. Ajude-me, mãe, a perdoar, e a ser perdoado."

Depois que terminou sua prece, ele se recolheu ao seu leito e rapidamente adormeceu. Desligado do corpo físico, ainda sentado em sua cama, vê ao seu lado, em pé, a figura de sua querida Neusa. Ele estendeu as mãos e, olhando nos olhos carinhosos dela, disse:

– Querida! Preciso que você me ajude, meu coração está agoniado, preciso perdoar. Não consigo mais viver com essa dor. Sinto que tenho alguém que caminha ao meu lado. Às vezes, me chama de assassino, outras vezes, ordena que me atire no mar.

– O perdão, meu querido, é o remédio para todos os nossos males. O exemplo que Jesus nos deixou, e que, se cada um de nós tivesse praticado mais, não teríamos tantas doenças, não teríamos tantos sofrimentos nesse Planeta.

– Não sei quem é esse que fica ao meu lado, às vezes, pedindo-me para beber, outras, me influenciando a fazer coisas as quais sei que estão erradas, mas acabo por realizar.

– E depois vem o remorso, não é?

– Sim, e o remorso dói muito. Você acha, minha querida, que um dia Flávio poderá me perdoar?

– Claro que sim, nosso filho tem um coração de ouro, ele entenderá suas fraquezas e que você também estava sob influência.

– É, mas não posso usar essa influência como álibi para os erros que cometi contra a sua pessoa – falou ele, ciente da sua situação.

– A primeira coisa que você tem que fazer, já lhe disse, é perdoar.

– Isso é muito difícil!

– Custódio, alguém terá que ceder, e iniciar com o perdão uma nova caminhada. Eu vim convidá-lo para, juntos, irmos até Eduardo.

– Não sei se conseguirei encará-lo, ele destruiu minha família.

Depois de conversar muito tempo com Neusa, Custódio concordou em ir ao encontro de seu inimigo, acompanhado de alguns amigos espirituais. Eles se dirigiram a um trabalho espiritual de orientação aos desencarnados.

Chegaram antecipadamente ao local do trabalho. Os trabalhadores ainda não haviam chegado, mas o trabalho no plano espiritual já estava sendo realizado.

– Eduardo veio adormecido e amarrado, estava revoltado com o encontro – explicou Lucio à Neusa.

Tão logo viu a figura de Eduardo adormecido e sendo mantido por guardas, Custódio sentiu-se mal. Rapidamente, Neusa se aproximou e disse:

– Coragem, meu querido irmão, essa hora será muito importante pra você.

Ele começou a chorar, cenas de seu passado voltaram-lhe à memória. Ele recebe energias que o tranquilizam. Em suas lembranças, imagens de uma batalha travada entre dois líderes, muitos soldados faleceram. Alguns estão sendo queimados, foram atingidos por bolas de fogo atiradas por catapultas. Muitos corpos espalhados pelo chão, alguns ainda vivos.

Houve muitas baixas, é praticamente impossível ajudá-los, acabarão desencarnando sem socorro. Custódio, muito ferido, caminhava por entre seus homens, alguns o chamavam. Ele, ajoelhando-se, aproximou-se de um corpo que estava debruçado no solo, manchado de sangue. Virando-o, vê o que não gostaria de ver. Era seu filho e estava com um corte no pescoço.

Custódio abaixou sobre o corpo do filho e chorou compulsivamente. Um homem guerreiro, acostumado a tantas lutas e a ver tantos morrerem em muitas batalhas travadas, de seus olhos nunca tinham brotado lágrimas, era a primeira vez que ele chorava.

Ele olhou para o horizonte e viu que a cena devastadora se perdia além do que sua visão conseguia enxergar. Ele perdeu centenas de homens. Uma raiva tomou conta de seu coração e ele gritou:

– Deus! Estou lutando em seu nome e você permitiu que meu filho fosse morto. Onde estava você que não o protegeu? Onde estava você que não impediu que aquele crápula exterminasse meus homens? De que me valeu lutar a vida toda em seu nome? Perdi toda minha família e, por último, o meu filho. Por que, Deus?

Custódio tirou sua armadura e abraçou o corpo do filho, que ainda conseguiu vê-lo e dizer:

– Pai, continue. Iremos vencer! – e fechou os olhos para a vida. Rapidamente, ele saiu do corpo e chamou os soldados, convocando-os para outro ataque. Muitos se aglomeram a sua frente, sob as ordens de seu líder continuarão a luta sangrenta, agora no plano espiritual.

Neusa, que presenciava aquela cena no momento do acontecido e revivida na memória de Custódio, o ampara dizendo:

– Olhe nos meus olhos.

Custódio, desviando os olhos do filho que mantinha junto ao seu corpo, olha para o lado e vê a imagem do próprio filho em espírito, já diferente. Estava com um belo semblante, o que o deixou feliz, e depois se transformou no corpo de Neusa.

Ela, estendendo as suas mãos, lhe disse:

– Venha, meu querido, tudo isso é parte de um passado vivido por nós.

– Você foi o meu filho?

– Querido, fui o seu filho. Era isso que queria lhe mostrar. Venha, meu pai, estou aqui – disse ela, se transformando novamente no bravo Plínius.

– Plínius, meu filho! Você não morreu?

– Não, meu pai, eu estou vivo e do seu lado – dizendo isso, Plínius envolveu o seu pai em um forte abraço. E o bravo guerreiro chorou emocionado no ombro do filho.

Neusa, que era uma personagem importante na história de Custódio, chorava também, os amigos trabalhadores manuseavam as energias para que as imagens fossem plasmadas, e ao mesmo tempo servissem de lição para os que ali estavam. O espírito de Eduardo, observando a cena, permanecia estático, com os olhos vidrados, direcionados para a tela.

Aos poucos, a tela foi mudando e, do outro lado da planície onde se travou a batalha, encontramos Eduardo ferido, perdendo muito sangue, quase sem forças.

– Não ganhou essa batalha! – gritava ele, andando também entre os corpos de seus soldados, muitos que tinham condições verificavam os que estavam vivos.

– Reúnam todos, precisamos socorrer os que estão feridos – ordenava ele, que continuava a andar por entre os corpos. Depois, pegando uma bandeira de seu exército, fincou-a no chão.

– Você vai pagar cada gota de sangue derramada de meus soldados.

O vento começou a soprar rapidamente, uma forte chuva iniciou aos poucos e a cena foi desaparecendo na tela. A chuva não o deixava visualizar mais nada, apenas as coisas próximas a ele. Alguns corpos estavam dentro de poças d'água. Na tela, o rosto de ódio de Eduardo ficou aparecendo e sumindo várias vezes, até que desapareceu de vez.

A tela foi desligada. Lucio ordenou que Eduardo fosse retirado e levado de volta para a colônia de tratamento. Ele não teria muito a escolher, voltaria em uma reencarnação obrigado. Sem escolha, estaria novamente envolvido com o seu arqui-inimigo daquela e de outras batalhas.

Emocionado, Custódio se despediu de Neusa e retornou para o corpo físico. Acordou, olhou para o relógio e viu que eram 5 horas da manhã. Estava todo suado e tinha o rosto banhado de lágrimas. Lembrava-se nitidamente da ligação que havia entre ele e Neusa. Não via a hora de amanhecer. Logo cedo, conversaria com Zé Paulo, queria saber o que significava toda aquela luta sangrenta na qual ele era um dos personagens principais.

Capítulo XII

Olhando o Horizonte

Depois da conversa reveladora com Custódio, Raul estava muito feliz. Agora sim ele entendia o significado dos seus sonhos e também as revelações feitas pelo espírito. Sua vida realmente estava mudando, agora ele tinha um filho, o tão sonhado filho que, por vezes, seu coração dizia que não encontraria. Raul não cabia em si de tanta felicidade, queria ir logo falar com Flávio, mas achou melhor convidá-lo para um passeio.

– Aonde vamos?

– Que tal um passeio à beira-mar, para tomarmos um sorvete?

O pequeno trazia um vazio enorme em seu coração, pois sentia muita falta de sua mãe. Toda noite sonhava com ela e acordava chorando. Apesar disso, em seus lábios era visível um sorriso de satisfação por estar ao lado de Raul. Ele, por vezes, pegava na mão de Raul e sorria. Flávio vivia um conto de fadas, um sonho e, às vezes, tinha medo de acordar. Raul era o pai mais feliz do mundo, nunca se imaginara caminhando com o filho na avenida à beira-mar. Ele começou a falar de sua infância, em São José dos Campos, como tinha sido difícil, pois a família era muito pobre.

O menino ouvia tudo atentamente. Parecia já conhecer aquela história, conforme Raul ia falando, a cena se passava em sua mente.

Até que, em dado momento, Raul lembrou-se da pequena Ana, sua irmã mais nova, que ele adorava e que morreu aos 9 anos de idade. Os dois eram muito ligados, e se amavam verdadeiramente. Ele a protegia. Quando ela faleceu, ele ficou muito triste, sofreu muito. Sempre pedia a Deus para levá-lo também, ele queria ficar ao lado da irmã.

Diante do relato de Raul, Flávio, que a tudo ouvia em silêncio, olhando para seu rosto, disse:

– Posso lhe dizer uma coisa?

– Claro! – disse Raul, abaixando-se em frente ao pequeno.

Flávio aproximou-se do amigo, abraçou-o e falando ao seu ouvido, disse:

– Ela voltou para você – disse ele, com um brilho diferente nos olhos. – Eu nunca deixei de amá-lo.

Raul abraçou fortemente o garoto e, emocionado, falou:

– Eu o amo muito.

Ao ouvir aquelas palavras, Flávio ficou feliz, pois ele não se sentia mais abandonado. Ele tinha um amigo que gostava muito dele.

Ao mesmo tempo, Raul se perguntava:

– *"O que ele quis dizer com aquelas palavras?"*

O silêncio se fez entre os dois. Depois do abraço, Raul, olhando para os olhos do menino, perguntou:

– O que você me disse, Flávio?

– Eu? Nada, tio, o senhor que me abraçou, e falou que me ama.

Sem entender o que acabara de acontecer, os dois continuaram a caminhada e, quando chegaram à Praia do Gonzaga, Flávio, vendo um pipoqueiro, falou:

– Hummmmmmmmmm. Que cheiro gostoso!

– Que tal? Quer um saquinho de pipoca?

– Sim, eu quero.

– Então vamos comprar.

Aproximaram-se do carrinho e, enquanto Flávio pedia a pipoca, Raul relembrava fatos de sua vida. Era ali que ele e sua amada costumavam passear. O pequeno pegou a pipoca e, chamando Raul para a realidade, diz:

– Quer pipoca salgada ou doce?

– Qual você prefere? – perguntou Raul.

– A doce – respondeu ele.

– Então eu quero a salgada. – disse Raul, sorrindo.

Os dois sentaram à sombra de uma árvore e saborearam a pipoca. Flávio ora pegava uma doce, ora uma salgada do saquinho de Raul. Este, encantado com o filho, começou a reparar em seus traços fisionômicos. O pequeno se parecia muito com sua amada.

– Então está gostosa a sua pipoca?

– Eu gosto mais da pipoca doce, quer experimentar a minha?

– Não, prefiro a salgada.

– Não sabe o que está perdendo – disse Flávio, sorrindo.

Raul continua encantado com o pequeno Flávio. Ele fecha os olhos e sente uma energia o envolver. Sem saber ao certo o que aquilo significava, lembrou-se de sua amada e falou:

– Meu amor! Que saudades.

Sentiu um abraço, e também o perfume que ela usava. Envolvido pela emoção, ele ouviu alguém dizer ao seu ouvido:

– Querido, hoje está sendo o dia mais feliz de nossas vidas.

Rapidamente, ele abriu os olhos e viu em sua frente o pequeno em pé, sorrindo. Raul deixou que lágrimas rolassem pela sua face.

– O que foi? O senhor está chorando? Eu fiz algo de errado?

Ele não respondeu. Abriu os braços e o envolveu num longo e carinhoso abraço.

– Filho querido! – disse ele, emocionado. – Quanto tempo eu o procurei!

Sem entender o que estava acontecendo, Flávio beijou a face de Raul e lhe disse:

– Não chore. A partir de hoje, eu serei seu filho.

Emocionado, Raul o abraçou mais forte.

– Flávio, promete que nunca mais vai me deixar?

– Claro que não! O senhor não tem ninguém. Eu também não tenho mais ninguém. Não estamos mais sozinhos no mundo. Enquanto você não acha seu filho, eu serei o seu filho.

– Você nunca deixará de ser meu filho, Flávio.

– Verdade? O senhor irá me adotar? – perguntou ele, sorrindo.

– Não será preciso, filho, adotá-lo.

– Mas eu ouvi a mãe do Renatinho dizer que se eu não ficasse com o meu pai, iria para o orfanato.

– Não diga mais nada – disse Raul.

– Eu não quero ir morar com o meu pai Custódio, ele não gosta de mim.

– Não, Flávio, você não irá morar com seu pai Custódio nem irá para um orfanato – completou Raul, olhando para os olhinhos que estavam marejados.

– Você se lembra de que lhe falei que o meu filho deveria ter a sua idade?

– Sim, me lembro, o senhor falou que estava procurando por ele.

– Pois é, Flavinho! E Deus é tão bom comigo, que ouviu as minhas orações.

– O senhor o encontrou, então? – perguntou o pequeno, com a fisionomia triste.

– É, meu querido, acho que sim.

Diante daquelas palavras, Flávio permaneceu calado e cabisbaixo. Depois se sentou e ficou olhando para o mar. As ondas iam e vinham quebrando-se na areia próxima a eles, deixando as marcas gravadas.

"Marcas!" – pensava o pequeno, *"meu coração está marcado pela dor"*. Lágrimas deixavam os seus olhinhos banhados, e lentamente corriam pela face morena pelo sol.

– Deus, meu filho, é um pai para nós.

Flávio não escutou o que Raul lhe dizia. Continuava perdido em seus pensamentos.

"Queria tanto ter um pai assim." – pensava ele, olhando para Raul. *"Agora ele já encontrou o seu filho. Não vai me querer mais, e eu vou ter que ir mesmo pra esse tal de orfanato. Será que tem um pai lá pra mim?"*

O menino começou a chorar baixinho. Raul, vendo a sua tristeza, puxou-o para perto de si, e o abraçou fortemente.

– Ei! Somos amigos, não somos?

– Sim, mas queria que você fosse meu pai.

– Mas amigo é mais que um pai, não é? Você parece que não gosta da minha amizade!

– Já somos amigos – disse o pequeno, enxugando as lágrimas. – Mas agora você não virá mais me ver.

– Por que não?

– O senhor encontrou seu filho que estava perdido, agora vai querer ficar com ele. Vai se esquecer de mim.

– Não! Não pense assim. Jamais lhe abandonarei.

O pequeno, limpando o nariz com a manga da camisa, levantou-se e caminhou até as ondas que se quebravam na areia da praia. Raul observava o que ele estava fazendo. Ele se agachou, pegou um punhado de areia e, mostrando para Raul, disse:

– Vê? Minha esperança de ter um pai se foi – disse ele, abrindo a mãozinha e deixando a areia escorrer pelos vãos dos dedos.

Naquele instante, Raul compreendeu todo o sofrimento pelo qual passava Flávio. Apesar da pequena idade, já tinha sofrido muito.

– Venha cá, querido, vou lhe mostrar uma coisa – dizendo isso, ele tira do bolso a sua carteira e, de seu interior, uma foto de uma linda moça.

– Veja isso aqui, meu querido.

– O que é? – disse o pequeno, aproximando-se e limpando as mãos na roupa.

– Uma foto, veja.

Ele se aproximou. Pegou a foto e, por uns instantes, ficou observando e admirando a beleza da moça.

– Parece minha mãe.

– Parece?

– Sim, só que ela é mais moça.

– Pois bem! Essa é a moça de que lhe falei e por quem fui muito apaixonado. Ela é a mãe de meu filho.

– Nossa! Mas parece minha mãe!

– Não, querido, quase que você acertou. Essa moça linda é Luzia, irmã de sua mãe Neusa.

– É mesmo? – disse ele, admirado. – Ela é minha tia?

– Não! – respondeu Raul.

– Não? Não entendi.

– Disse que ela é irmã de sua mãe Neusa.

– O senhor é meu tio? – falou ele, sem pensar e pulando no pescoço de Raul.

– Quase isso, Flávio – disse Raul, pegando-o e colocando-o sentado. – Vou lhe contar um história.

Raul, emocionado, começou a contar. O garoto ficou escutando tudo com muita atenção, até que, no final, Raul disse:

– Pois bem, minha querida Luzia faleceu no parto, ao dar à luz meu filho. Deixou um lindo menino que foi cuidado pela irmã dela, que se chamava Neusa, que o amou como filho verdadeiro. A irmã dela é sua mãe Neusa. Está entendendo o que estou lhe falando?

– Mas se minha mãe cuidou do seu filho, onde está ele? Ele morreu? Por que eu não o conheci?

– Estou lhe dizendo que você é o meu filho que tanto procurei. Sua mãe Neusa perdeu o filho verdadeiro que ela estava esperando antes de você nascer. Ela cuidou do sobrinho como um filho verdadeiro.

O pequeno, ao ouvir aquelas palavras, começou a pular de alegria diante de Raul, que, em face da euforia, ficou rindo. Depois, ajoelhou-se e estendeu os braços:

– Venha, meu filho. Venha para os braços do seu pai! Venha! Dê um abraço no seu verdadeiro pai.

Flávio abraçou fortemente o pescoço de Raul.

– Paiiiiii! Eu tenho um pai de verdade! – gritava ele.

O pipoqueiro, que observava a cena próximo dali, começou a rir. Os dois começaram a correr pela praia, chutando a areia e as ondas do mar, abraçando-se e rolando na areia molhada.

Raul voltou a ser criança brincando com seu filho.

– Pai! – gritava Flávio.

– Filho! Eu encontrei o meu filho! – gritava Raul.

Próximo dali, dois espíritos observavam tudo felizes. As duas mães de Flávio agradeciam a Deus por aquele momento. Raul estava recebendo sua irmã que perdeu quando ainda era criança. Ele muito a amou e sentia sua falta. Ela voltava agora na pessoa de Flávio, resgatando com outros irmãos débitos de outras vidas.

– Venha, Neusa, minha querida irmã – disse Luzia. – Você cumpriu sua missão de mãe.

– Mãe, palavra tão sublime! – completou Neusa. – Apeguei-me mesmo a Flavinho como sendo um filho que nascera do meu ventre.

– Minha querida, esteja certa de que ele foi também seu filho.

– Mas e Custódio?

– Bem, minha querida irmã, seu companheiro terá novas chances de se redimir, e ajudar nosso Flavinho. Deixará de lado o rancor e esse sentimento de ódio trazido do passado, e que ainda o machuca.

Dizendo isso, elas deram as mãos e flutuaram em direção ao céu, iluminado pelo crepúsculo do fim de tarde.

Pai e filho caminham pela orla da praia. Correm um do outro, brincando de pega-pega, pareciam duas crianças felizes chutando o ar, um jogando água no outro. O pipoqueiro, vendo a cena, continuou a rir.

Raul estava muito feliz, pois por anos ele esperou por aquele momento. Tantas noites ele perdeu o sono. Sonhava acordado com o dia em que estaria com o seu filho. Do seu coração irradiava amor. Ele carregou Flávio e o colocou em seu cangote, caminhavam tranquilamente pela praia, o pequeno, com os braços abertos como se estivesse voando.

– Eu vou voar, papai! Vou voar bem alto, vou até o céu, e vou dizer para a mamãe que eu sou muito feliz.

– Voe, filho, bem alto, e diga pra sua mãe que eu a amo muitoooooo!

Dizendo isso, ele corria e fingia que ia cair, o pequeno gritava.

– Não, papai, não posso cair! Eu quero voar!

– Opa! Quase caí!

Assim os dois prosseguiam pela praia, até que, cansados, eles pararam. Raul caiu de joelhos na areia e Flávio, saltando dos seus ombros, rolou na areia, rindo. Com os bracinhos abertos e olhando para o céu, disse:

– Papai, eu tenho a certeza de que a mamãe está lá naquela estrela – disse ele, apontando para uma estrela que já estava se mostrando no céu azul.

Raul, olhando para cima, completou:

– Aquela estrela é sua mãe que vê a nossa felicidade, meu filho.

O pequeno tocou a mão de seu pai e levantou-se e, sentando-se ao seu lado, permaneceu olhando para o céu.

– Papai – disse ele – O senhor jura que nunca mais vai me deixar sozinho?

Raul, olhando para os olhos do filho, que estavam banhados em lágrimas, disse:

– Filho querido, eu jamais abandonarei você, por toda minha vida seguirei lhe amando.

Ao ouvir as palavras de seu pai, ele beijou-lhe o rosto; depois, colocou a cabecinha em seu peito e permaneceu por muito tempo olhando o céu e conversando. As primeiras estrelas já começavam a fazer companhia à primeira que brilhava ainda mais.

– Veja como sua mãe está feliz – disse Raul, olhando a estrela.

– Feliz por nós dois, papai.

– Sim, meu filho. Feliz por nós dois – disse Raul, acariciando-lhe os cabelos macios.

– Meu papai – respondia ele sorrindo, com os olhos fechados. Continuava deitado no peito do pai até que adormeceu.

Raul sentia-se o pai mais feliz do mundo.

"Não quero acordar desse lindo sonho, meu Deus." Pedia ele, em pensamento.

Capítulo XIII

Fortes Emoções

Era tarde de domingo. Os garotos estavam vindo do campinho, felizes; juntos voltavam, Renato, Rodrigo, o filho de dona Cleusa, e logo atrás, brincando com seu cachorro Lico, vinha Flavio.

Eles pararam frente à casa de Felipe. Estava muito quente e Renato pediu a Felipe uma caneca de água.

– Espere, vou pegar para você.

Os meninos esperam sentados no degrau da escada; logo Felipe chega com a caneca e a entrega a Renato.

Ele, sedento, toma tudo quase de imediato.

– Ah! Não deixou um pouco pra mim? – disse Flávio.

– Você não pediu – disse o amigo, devolvendo a caneca e sorrindo.

– Entre lá na cozinha, Flávio, e tome água à vontade.

A princípio, ele fica meio sem jeito de entrar na casa do amiguinho, mas acaba cedendo.

– Pode entrar, minha mãe não está em casa e acho que meu pai está dormindo. Venham! – disse Felipe aos dois amigos. – Eu quero mostrar a arapuca que fiz. É toda de varinha de bambu.

Os garotos dão a volta na casa e vão ao fundo do quintal, perto do galinheiro, onde existe um barraco no qual são guardadas muitas tranqueiras. Os meninos entram e Felipe descobre a gaiola que estava escondida sob uns sacos de pano.

– Por que você esconde?

– Minha mãe não quer que eu mate passarinho.

– Minha mãe não liga – disse Rodrigo.

– A minha também não completou Renato. – Esses dias eu levei quatro rolinhas que matei, ela limpou e depois fritou pra gente comer.

– Hum! Devia estar uma delícia – disse Felipe, lambendo os lábios.

– Tava mesmo, comi até os ossinhos – falou Rodrigo.

– Nossa, como ela ficou bonita! – disse Renato, olhando pra gaiola. – Você fez sozinho? – perguntou, admirado.

– Não, meu pai me ajudou, ele cortou as taquarinhas e depois alisou no canivete. Ficou bonita, né?

– Seu pai?

– Sim, ele às vezes vai com os amigos caçar na serra.

– Ele tem arma?

– Claro, Renato, como é que ele iria caçar? Tem uma espingarda de chumbinho.

– Mas o que vocês fazem com a caça, se sua mãe não gosta? – falou Rodrigo.

– Não, seu bobo – responde o menino, rindo. – Ela não gosta que eu cace passarinhos, mas os animais não têm problema, ela até ajuda meu pai a preparar.

Enquanto conversam sobre as caçadas, lá na casa, Flávio entra e vai até a cozinha. Ao se aproximar do pote de água, tira a tampa e a coloca na mesa. Quando ia pegar a água, ouve uma voz:

– Felipe, ocê tá aí?

Ele ficou gelado ao ouvir aquela voz grossa. Não conseguiu responder nem tomar a água. Depois de alguns minutos, ele consegue beber, e rapidamente coloca a caneca sobre a mesa e a tampa no pote. Ele queria sair o mais rapidamente possível dali. Quando ele passou diante da porta do quarto, ela se abriu e apareceu o pai de Felipe.

– Quem é você, guri? – perguntou Zé Paulo, o pai de Felipe.

Flávio ficou parado, de cabeça baixa, não sabia o que fazer, e nem o que dizer, não tinha forças para correr. Zé Paulo se aproximou e, chegando perante o menino, falou.

– Você não tem nome?

– Flávio – disse ele, baixinho.

Ele logo se lembrou de quem se tratava.

– Ah! Você é o guri de dois pais?

– Não senhor – respondeu Flávio – Eu só tenho... Começou a gaguejar.

– Você tá nervoso? Por que? Acaso sou um bicho?

– Não! – respondeu Flávio, erguendo os olhos e encarando o pai de Felipe.

Zé Paulo era um homem moreno e muito forte e estava somente de cueca. Vendo que o pequeno estava sem jeito e muito nervoso por ele estar quase nu, ali em sua frente, Zé Paulo começou a rir:

– Nunca viu?

O menino ficou sem jeito. Não sabia o que dizer, tentou sair correndo, mas foi seguro pelas mãos fortes de Zé Paulo.

– Venha cá, não vou lhe bater – disse ele puxando-o para junto de si.

O coração de Flávio parecia que ia sair do peito, batia descompassado. Zé Paulo puxou uma cadeira e, sentando-se, colocou o menino entre suas pernas, prendendo-o. Assustado, ele tentou gritar, mas foi impedido pela mão de Zé Paulo:

– Se gritar será pior – disse ele, cochichando na orelha do pequeno, que mantinha os olhos fechados.

Ao ouvir aquelas palavras, Flávio perdeu as forças e, ao mesmo tempo uma sensação que nunca tivera e um arrepio invadiram seu corpo, os sentidos pareciam que iam faltar, sentiu um torpor.

Vendo que a presa estava sob seu controle, Zé Paulo começa a beijar a orelha e a fazer carícias no corpo de Flávio, que não conseguia fazer nada, pois estava preso pelas pernas daquele homem que o abraçava.

Com medo, o menino tremia, e começou a sentir que a mão de Zé Paulo começou a acariciar suas costas. Logo depois, começou a sentir dor.

– Não! gritou ele. Zé Paulo, então, o beija, fazendo-o calar.

O pequeno sentia dor e, ao mesmo tempo, nojo e pavor. Lágrimas caíam dos olhos de Flávio, ele não tinha forças para gritar.

– Quieto! Seja um guri bonzinho, eu não vou lhe fazer mal, só estou brincando – disse ele.

– Flávio? – gritou Renato. – Onde você está?

O pequeno sentiu-se salvo, os amigos estavam chegando. Mas aquele homem não o largava, continuava segurando-o, agora com as duas mãos. Olhando bem nos olhos dele, disse:

– Ninguém vai saber de nada. Eu não fiz nada, pare de chorar.

– Eu não tô chorando – disse ele, limpando as lágrimas que rolavam.

– Que bom, seja um bom menino, que o titio não vai fazer mal a você.

Zé Paulo, ao ouvir que os garotos estavam se aproximando da casa, solta Flávio e arruma a roupa do garoto.

– Eu quero ver você de novo – disse ele, passando a mão na cabeça do menino.

– Não! disse Flávio.

– Sim. – responde Zé Paulo. – Ou vai ser pior. Vou dizer pros seus dois pais que estava roubando. E ainda leva uma surra. Ah! Ainda chamo a polícia.

– Não, por favor!

– Então, seja bonzinho para mim, toda vez em que você vier jogar bola com meu filho, eu quero vê-lo.

O pequeno fica apavorado e, quando os amigos entram na casa, não percebem nada.

– Tome, guri, mais água – disse Zé Paulo, entregando uma caneca para Flávio.

– Parece que viu assombração. Tá branco! – disse Renato.

– Eu me assustei.

– Ele se assustou com o couro de macaco que tá ali na parede.

Renato olha e vê que há algumas peles de animais pregadas na parede.

– Nossa, que bonito! – disse ele, aproximando-se para ver melhor.

– Tá vendo só, Flávio, eles tão tudo morto, seu boboca – disse Felipe, rindo.

– Coitado, filho! Não ria do seu amiguinho, eu estava dizendo isso a ele quando vocês chegaram, mas ele ficou com medo.

Renato ficou encantado com as peles dos animais, e começou a fazer perguntas para Zé Paulo, que respondia todo feliz com os meninos ali. Era uma forma de ganhar a simpatia deles e de ter a certeza de que Flávio voltaria mais vezes. Zé Paulo explicava cada um e contava como foi para caçá-los.

A conversa ainda demorou algum tempo. Flávio queria sair logo dali. *"Onde estava Rodrigo, que não entrou?"*, pensava ele.

– Vamos, Renato, eu tenho que ir. O Rodrigo já foi?

– Sim, ele ia à missa com os pais dele.

– Ah, mas é cedo ainda, vocês não querem que eu faça uma limonada? – sugeriu Zé Paulo, olhando para Flávio.

– Opa, pai, vai ser muito boa – disse Felipe, esfregando as mãos.

Então sentem-se aqui que vou preparar.

Os meninos sentam-se enquanto ele começa a preparar. Flávio repara, com o canto dos olhos, tudo o que Zé Paulo faz.

Ele sabe que o garoto está observando, e começa a sorrir para ele.

Depois de pronta, coloca um pouco de limonada para cada um e senta-se próximo de Flávio.

Então, como está? Gostosa a limonada? – pergunta ele acariciando os cabelos do pequeno, que tremia de nervoso.

– Tá muito boa – disseram os meninos.

Flávio não respondeu, então Zé Paulo roça sua perna na dele e diz:

– Não gostou, Flávio?

– Goosssteeeiii – disse o pequeno, quase sem voz.

– Que bom, então todas as vezes que vocês vierem jogar eu vou preparar.

– Hum! Que bom, pai – respondeu Felipe. – Viu como meu pai é gente fina?

Ele começou a rir, sabia que a sua presa viria também, e que Renato havia ficado impressionado com as estórias contadas por ele.

Antes de saírem, Renato pergunta:

– O senhor me leva um dia para caçar junto com o senhor?

– Levo sim, mas outro dia – respondeu, sorrindo.

Os dois amigos saem da casa de Felipe. E o pai dele diz:

– Gostei dos seus amiguinhos, filho. Pena que o Flávio tenha se assustado.

– Ah, ele se acostuma – disse o filho, saindo da casa e voltando para o quintal.

– É, ele se acostuma sim – respondeu sarcasticamente.

Enquanto isso, os dois voltavam pra casa e, no caminho, Renato disse:

– Como é legal o pai do Felipe, não acha?

Flávio permaneceu calado, ainda sentia dor para andar. Imaginava ainda aquelas mãos grandes o tocando. Sentia nojo, limpava sua boca todas as vezes que se lembrava do que tinha acontecido. Tinha medo de contar ao seu pai, já que foi ameaçado pelo seu algoz. Ninguém acreditaria nele, seu pai admirava Zé Paulo, eram amigos.

– Vamos voltar mais vezes lá. Quero que ele me ensine a fazer uma arapuca – disse Renato, pegando umas pedrinhas e jogando nas árvores.

Capítulo XIV

Encontro Desagradável

Passados alguns dias, Flávio foi com seu pai até o cais do porto. O dia estava meio frio, mas, mesmo assim, havia muito movimento. Muitos pais trouxeram seus filhos para verem os navios.

– Pai, um dia o senhor me leva para visitar um navio por dentro?

– Sim, um dia eu levo.

Os dois tiveram uma manhã de domingo alegre. Brincaram na praia, Flávio não esqueceu e levou sua velha bola de capotão. Comeram alguns salgados pelos bares da orla e, quando estavam voltando, já próximos de casa, encontraram Zé Paulo, que veio ao encontro dos dois.

– Boa-tarde, Raul!

– Boa-tarde, Zé Paulo!

– Estavam passeando?

– Sim, fui levar o meu filho até o porto para ver uns navios estrangeiros que atracaram por lá.

– Será que você deixa o seu filho ir até minha casa? – perguntou Zé Paulo.

Ao ouvir aquelas palavras, o pequeno apertou a mão de seu pai. Antes de ouvir a resposta, Zé Paulo completou:

– É que o meu filho, Felipe, está com dificuldades. Não está conseguindo fazer a lição de casa, e eu não sei ensinar. Como Flávio é muito inteligente, o meu filho pediu pra que eu fosse até sua casa. Já estava voltando quando encontrei vocês.

– Claro! Vá, filho, com o Zé Paulo, ajudar o seu amiguinho.

– Mas, pai! Eu queria...

– Filho! Não deixe seu amiguinho lhe esperando.

Zé Paulo pegou nas mãos do pequeno e se dirigiu para sua casa. Estava feliz, rindo sarcasticamente. Sua presa, de novo, estava em seu poder.

Flávio não queria, mas acabou indo. Já acontecera outras vezes e, em todas elas, ele se sentia como indo para uma luta onde não sairia vencedor.

Certa vez, ele saiu mais cedo do jogo, já para não ter que ir para casa do amigo tomar limonada. Estava andando por entre as árvores, não quis ir pela rua para não ser visto. Ele ia tranquilamente, brincando com seu cachorro Lico, quando foi seguro por Zé Paulo.

O pequeno cão começou a latir enquanto seu dono estava nas mãos de seu predador. Irritado, Zé Paulo pegou um galho de árvore. Observou mirou bem e atirou na direção do cão, acertando-o. Lico saiu em disparada, choramingando de dor. O animal ficou observando de longe, e choramingava, ao ver o que acontecia com seu amigo.

Ao chegar à casa de Felipe, como já era previsto, seu amigo ainda não tinha voltado do jogo. E também a esposa tinha saído. Zé Paulo abraçou o pequeno e, erguendo-o, levou-o para o quarto. Depois de um tempo, o pequeno quis ir embora.

– Claro! Agora pode ir, é um menino bonzinho. Está aprendendo muito bem.

Flávio não falou nada, e saiu calado. Zé Paulo, sorrindo, acompanhou o pequeno até a porta. Antes, porém lhe disse:

– Espero você mais vezes, amiguinho de meu filho e meu também.

Isso passou a acontecer com certa frequência. O pequeno se sentia uma presa nas mãos de seu algoz. Por muitas vezes, Flávio tentou fugir, mas parecia que ele sabia por onde o pequeno iria desviar do caminho que sempre fazia. Zé Paulo sempre aparecia de surpresa, rindo sarcasticamente, e tomava novamente sua presa.

Com o passar dos anos, Flávio começou a sentir que seu corpo estava mudando e, ao contrário dos outros amiguinhos, que ficavam olhando as meninas, ele ficava admirando os homens mais velhos.

Seu coração ainda não sabia ao certo o que estava acontecendo e ele tinha vergonha de conversar com seu pai sobre o assunto. Por vezes, Raul o surpreendia olhando perdido para ele. Numa noite, Raul já estava deitado, e Flávio, sentado na cama, o admirava.

– O que foi, filho?

– Nada, papai, estava só lhe admirando. Como você é forte e bonito! Será que eu serei assim também, quando crescer?

– Bem, você se parece comigo. Quando eu tinha sua idade, era muito parecido com você.

Raul se aproximou do filho e o abraçou carinhosamente.

– Meu filho querido, como seria bom se sua mãe estivesse aqui, junto de nós!

Aquele abraço gostoso, cheio de amor e ternura, reconfortava o coração de Flávio. Ele adorava o pai. Mas, mesmo assim, tinha medo de dizer o que sentia e o que ocorria todas as vezes que encontrava Zé Paulo.

O pequeno sentia o coração de seu pai bater. Acariciando o peito, ele arriscou falar, enquanto Raul acariciava os cabelos ainda úmidos do filho.

– Papai, um homem sempre gosta de mulher?

– Ora, filho, que pergunta é essa? Claro que sim. Um homem se apaixona por uma mulher, depois se casam. Formam uma família, aí vêm os filhos.

Diante das palavras do pai, Flávio achou melhor permanecer calado. Depois de um tempo, perguntou, mudando de assunto:

– O senhor é um homem bonito, e sei que sente falta de alguém – afirmou o garoto.

– Uma mulher?

– Sim, papai.

–Não, filho! Eu não sinto falta de outra mulher. Amei muito sua mãe. Mas por que você me perguntou se um homem pode gostar de outro homem?

– Isso pode acontecer, papai?

– Filho! Você, está crescendo e acho que já posso lhe dizer. Isso é pecado! Acontece, sim, mas é errado. Homem tem que gostar de mulher. Você mesmo logo já vai se interessar pelas garotas da escola. Assim como elas olharão para você e dirão: *"que broto bonito!"* Você vai encontrar uma garota e se apaixonar.

– E isso vai acontecer?

– Sim, meu filho!

Depois de ouvir seu pai, ele ficou pensativo. E Raul continuou sorrindo.

– Não se preocupe, isso acontece normalmente.

– O senhor não sente falta de carinho?

– Sim, eu sinto, filho, mas sempre me lembro do amor que senti por sua mãe. Isso me consola, além do mais, eu tenho você, vivo para você. Sua mãe foi meu grande e único amor. Eu não quero ninguém no meu coração.

Raul estava achando aquela conversa muito estranha, mas, como os dois conversavam sobre quase tudo, respondia às perguntas do filho. Raul começou a contar como ele e a mãe de Flávio se conheceram. O pequeno acabou por adormecer ouvindo o coração do pai. Raul não percebeu e continuou a contar, mas foi surpreendido pelo ronco profundo do filho. Raul começou a rir sozinho.

– Coitado, já dormiu! – disse ele, pegando o filho, colocando-o ao seu lado e depois cobrindo-o com uma manta.

"Como meu filho está crescendo, está se tornando um homenzinho. Já deve ter muitas garotas olhando pra você", pensou Raul, beijando carinhosamente o filho.

– Durma bem, querido, sonhe com os anjos. Que sua mãe venha abençoá-lo.

Enquanto Flávio dormia, Raul, pensativo, analisou toda sua vida em uma retrospectiva. Sua história de amor, os momentos felizes ao lado de Luzia.

O sono chegou e ele saiu rapidamente do corpo. Encontrou seu filho também fora do corpo e tentou falar com Flávio, mas ele não lhe deu atenção.

– Filho, aonde você vai? – perguntou Raul, vendo o filho sair de casa.

– Estou saindo, meu pai.

– Espere! Eu vou com você.

– Não, o senhor não pode ir – disse Flávio, saindo e fechando a porta da casa.

Raul foi até a janela e viu que seu filho foi recebido por outro jovem. Os dois se cumprimentaram e saíram abraçados.

Raul percebeu que seu filho não era uma criança. Na realidade, era um jovem adulto.

– Filho! – gritou ele. – Volte!

Raul viu seu filho desaparecer na noite escura. Ficou triste com a cena que tinha acabado de presenciar e, virando-se, viu que não estava sozinho. Para sua surpresa, Luzia ali estava com os braços abertos, esperando-o.

– Venha, querido!

Raul foi ao encontro de sua amada e abraçou-a carinhosamente. Beijou-a com a emoção de um coração que sempre esteve apaixonado.

– Meu querido! Que saudades eu estou de você! – disse ela, acariciando os cabelos e beijando-lhe os olhos.

– Nunca a esqueci, minha querida. Por que você me deixou sozinho?

– Raul, meu querido, não o deixei sozinho. Nosso filho está com você. Vocês têm um ao outro.

– Será? – perguntou ele. – Você presenciou o que acabei de ver? Por que ele não quis que eu o acompanhasse?

– Querido, nosso filho precisa de todo amor, carinho e conselhos. Vê que ele está se tornando um homenzinho?

– Sim, eu sei disso, mas acabei de vê-lo na companhia de outro jovem saindo. Estranho que ele não é mais a criança que tinha nos meus braços, mas se tornou um homem.

– Querido, todos nós temos um caminho a seguir, só que às vezes tomamos caminhos diferentes daqueles traçados por nós mesmos.

– O que você quer dizer com isso?

– Que o nosso filho precisa muito de você. Fale do maior dos sentimentos. Fale do Amor. O Amor que deve existir na família. No coração dos homens com relação ao seu semelhante. No respeito que deve haver para as opiniões alheias, o respeito às pessoas. Ensine-o a respeitar para ser respeitado. No Amor que devemos ter a Deus nosso Pai. Fale das diversas formas de amar.

– Mas eu falo, eu amo muito nosso filho e sinto que ele me adora.

– Sim, você tem razão, ele o ama muito, é um ídolo para ele.

Ao ouvir essas palavras Raul, começou a rir:

– Ídolo?

– Sim querido, ele quer ser você quando crescer. Fica lhe admirando e imagina-se em seu corpo como sendo o dele. Nunca reparou nisso?

– Às vezes, mas isso é normal não é?

– É, querido Raul, mas, no caso dele, traz algumas lembranças de vidas passadas. E está lutando com elas.

– Não entendi. O que você está falando?

– Temos muitas experiências de vidas e, em cada uma, nos relacionamos com quase sempre as mesmas pessoas. Só que em corpos diferentes. Nosso filho tem uma ligação muito forte com você, ao mesmo tempo, com Custódio.

Conforme Luzia relatava a ligação que havia entre os três, Raul, admirado, escutava em silêncio.

– Por que não nos lembramos dessas vidas?

– Deus nos dá o esquecimento, que é providencial, necessário para que possamos receber pessoas com as quais temos que aprender a amar e a perdoar. Nessas experiências pelas quais passamos, estejam essas pessoas no trabalho ou na nossa família, se elas cruzam o nosso caminho, esteja certo, querido, tem uma razão de ser. Já pensou se recebêssemos um filho, e pudéssemos ver o que fizemos um ao outro de errado no passado?

Raul pareceu entender as explicações que sua amada lhe dava. Antes de partir, a porta se abriu, e o jovem Flávio entrou. Ao ver a figura de sua mãe, no entanto, transformou-se no menino novamente e correu, atirando-se nos seus braços.

– Mamãe, a senhora veio nos ver?

– Sim, filho, eu vim fazer uma visita.

Raul estava radiante ao ver ali as pessoas as quais ele mais amava na vida.

– Como seria bom se pudesse ficar aqui, juntinho de nós! – falou Raul.

– Virei quantas vezes for necessário.

– Mamãe, por que a senhora não volta? Sentimos muito sua falta.

– Filho! A mamãe está sempre ao lado de vocês. Às vezes, não conseguem notar minha presença.

Flávio abraçou os pais. Havia ali um foco de luz envolvendo a todos. Antes de sair, Luzia disse aos dois:

– Continuem se amando. Filho, tenha seu pai como o seu melhor amigo.

– Eu tenho, mamãe. Meu pai é meu super-homem e, quando eu crescer vou ser igualzinho a ele. Forte assim – disse ele, pegando no braço do pai e apertando.

Eles riram da cena.

– Eu amo muito vocês dois! – falou Raul, abraçando sua família.

– Nosso amor é puro e verdadeiro – respondeu ela, sorrindo.

Raul acordou feliz, sentiu que a mão de seu filho estava acariciando sua orelha. Raul lembrou de sua irmã Ana. Ela só conseguia dormir quando ele se deitava ao seu lado e, com a mãozinha, começava a acariciar sua orelha. Raul riu das lembranças e sentiu saudades daquele tempo em que era criança. Depois, virando de lado, viu seu filho dormindo profundamente. Raul percebeu a semelhança que existia entre o filho e sua irmã, o formato das sobrancelhas, a covinha no queixo, o mesmo sorriso.

"Ah! Deve ser porque eles são parentes, por isso, a semelhança", pensou ele.

Capítulo XV

Um Belo Jovem

A vida dos dois era só de felicidades, o pequeno Flávio crescia e, cada vez mais, ficava parecido com o pai. Com o passar dos anos, os cabelos de Raul ficaram grisalhos.

Flávio era um belo jovem admirado pelas garotas do colégio e também na praia, quando ia com os amigos jogar futebol. Mas ele não se relacionava com nenhuma jovem. Todas eram suas amigas e, as mais chegadas, como suas irmãs.

O pai e os amigos começaram a cobrá-lo pelo fato de ele não ter namorada. Flávio tinha uma grande amiga que se chamava Deise, os dois chegaram a ter um namorico quando jovens. Seu pai e a família dela, principalmente, a mãe aprovavam o namoro dos dois.

Flávio vivia se questionando que tipo de amor ele sentia por Deise. Era amor de irmão? Sim, com certeza, era um amor de irmão. Seus sentimentos estavam guardados, adormecidos. Certa vez, em que eles estavam conversando sobre segredos, ele criou coragem e falou de seus sentimentos. Ela entendeu que o Amor que ele sentia era de um irmão e, para sua surpresa, ela também sentia o mesmo por ele.

Flávio começou a trabalhar em uma loja de tecidos no centro da cidade. Tinha grande facilidade de aprender. Os patrões gostavam muito dele, principalmente, o filho mais velho, Claudio, que tinha admiração pelo jovem.

Um sentimento começou a nascer entre os dois. Claudio era 10 anos mais velho, casado, e tinha um casal de filhos. Com a idade avançada, os donos da loja já não compareciam ali com frequência, deixando o comando da loja para Claudio. Era comum ele pedir para Flávio ficar ajudando-o no estoque depois que a loja fechava. Isso se repetia sempre.

Claudio começou a se envolver com o jovem, que, pela primeira vez, experimentava um sentimento verdadeiro. Seu coração não sentia mais o medo, e sim a felicidade. Ele tinha medo que seu pai descobrisse ou, então, que fossem descobertos pelos familiares ou por outro funcionário da loja.

O comentário surgiu entre os funcionários, até que chegou aos ouvidos da esposa de Claudio, que começou a questionar o esposo, que sempre ficava de serão e com o mesmo funcionário.

O casal brigava muito e, ao mesmo tempo Flávio se envolvia completamente com Claudio. Diante do que acontecia, não sobrou alternativa, senão despedir o jovem. A esposa pressionou o marido, e lhe disse que se ele continuasse com o caso, revelaria à família, pediria a separação e levaria tudo ao conhecimento de Raul.

Claudio também ficou envolvido e não queria que o jovem fosse prejudicado. Conseguiu com um amigo que ele fosse contratado para trabalhar em um banco como contínuo. Os dois ainda se encontraram por algum tempo, mas acabaram se distanciando. Flávio não quis mais se envolver com ninguém. Aquela experiência feriu seu coração.

Flávio, quando se aproximava de algum senhor, cliente do banco, para atendê-lo, sentia seu coração disparar. Discretamente e sufocando os seus sentimentos, ele prosseguiu na sua vida profissional. Teve promoções onde trabalhava. Recebeu muitos elogios por sua conduta profissional e pessoal.

Seu coração ainda estava vazio. A vida de Raul e Flávio era tranquila, até que seu pai começou a ter alguns problemas de saúde. Ele, sempre que podia, acompanhava-o nas consultas médicas.

Raul tinha problemas no coração. Graças ao convênio do banco em que Flávio trabalhava, ele tinha bons médicos e realizava exames periódicos. Às vezes, sentia-se cansado, mas nada disso relatava ao médico ou ao filho, para não preocupá-lo. O que Flávio notou era a solidão de seu pai. Depois que se aposentou, ficava muitas vezes sozinho em casa, ou então caminhava pela orla da praia, mas voltava cedo porque fazia questão de preparar o jantar para o seu filho.

Por muitas vezes, Flávio o questionou. Por que ele não se casava?

– O senhor não sente falta de um amor?

– De novo essa conversa, meu filho – dizia sempre Raul. – Já lhe falei muitas vezes. Eu só tenho você, o meu único e grande amor foi sua mãe. Meu coração está fechado para aventuras ou outro amor.

– E você, meu filho, quando é que vai arrumar uma bela jovem, casar-se e me dar belos netos? Não quero morrer sem carregar meus netos no colo.

Sem graça, Flávio sorria e sempre dava uma desculpa.

– Estou procurando, papai, fique tranquilo que assim que meu coração bater mais forte por uma moça, eu a trarei aqui e lhe apresentarei, para ver se o senhor aprova. O.k.?

Flávio era feliz, apesar de viverem somente os dois naquela casa, formavam uma família. Seu amigo Renato também os acompanhava. Os dois jovens sempre andavam juntos, até que Renato começou a namorar. Cinthia, a namorada de Renato, não gostava de Flávio e não aprovava aquela amizade muito chegada. Com ciúme da amizade dos dois, os passeios e os jogos no fim de semana na praia diminuíram. Aconselhado por Raul, ele se afastou do amigo, mas, sempre que podiam, os dois se encontravam para matar a saudade.

Os anos passaram, e Flávio, ainda com seus sentimentos guardados, prosseguia sua vida, focando apenas para o lado profissional. Certa tarde, ele estava trabalhando quando recebeu um telefonema de Renato dizendo que Raul havia sido internado no pronto-socorro da Santa Casa.

Imediatamente, Flávio pegou seu carro e se dirigiu para lá. Renato, logo que o viu chegar, foi até o estacionamento. Flávio, ao ver o amigo se aproximando, sentiu uma sensação ruim.

– Flávio! Eu não tenho boas notícias.

–O que foi que aconteceu? O que houve com meu pai?

– Bem, eu jogava bola na praia com os amigos. Vi quando seu pai vinha caminhando pela calçada. Continuei a jogar e, passados alguns minutos, vi um movimento de pessoas na calçada e uma ambulância se aproximando do local. Paramos o jogo e fui ver o que tinha acontecido. Quando cheguei, vi que era seu pai. Eles faziam massagem para reanimá-lo. Imediatamente, colocaram-no no oxigênio e saíram rapidamente do local. Peguei o meu carro e segui a ambulância. Quando cheguei aqui, ele já tinha entrado para a emergência. Cheguei a falar com o médico que o socorreu. Era meu conhecido. Passados alguns minutos, ele retornou e me deu a notícia de que seu pai não tinha resistido. Teve uma parada cardíaca.

– Meu Deus! O que eu faço de minha vida sem meu pai? – falou Flávio, chorando e sendo amparado por Renato.

Imediatamente, Renato ligou para sua casa e contou a seus pais o acontecido. Ele tomou todas as providências. Flávio, inconsolável, chorava muito durante o velório. Muitas vezes, ele se aproximava do corpo do pai, acariciava seus cabelos grisalhos e beijava seu rosto.

Ele era amparado por suas mães. Ao mesmo tempo, Raul, já em um hospital no plano espiritual, era amparado por amigos, recebendo o tratamento necessário. Os amigos de Flávio vieram para confortá-lo. Até Claudio, que não o via há anos, compareceu, e se colocou à disposição do amigo. Ao vê-lo, Flávio abraçou-o e chorou muito. Seu coração sentia por não ter se despedido de seu pai.

"Será que eu não cuidei direito de meu pai?", pensava ele.

Naquela manhã, quando saía para o trabalho, Raul o abraçou de modo diferente, como se quisesse dizer alguma coisa.

– Papai, o senhor está querendo me dizer algo?

– Não, meu filho.

– Tem certeza? Está tudo bem?

– Sim, filho, está tudo bem, só quero lhe dizer que o amo muito e que agradeço a Deus por você ser meu filho.

– Eu também amo muito o senhor. Você é o melhor pai do mundo! O meu melhor amigo.

Aquelas lembranças dos últimos instantes ficaram gravadas em seu coração. Flávio sorria, ao mesmo tempo em que lágrimas de saudades rolavam de seus olhos, lembrando-se de todos os momentos que viveram. Após o desencarne de seu pai, Flávio sofreu muito. Seu coração estava despedaçado. Tudo lembrava seu pai. Ele ficou afastado alguns dias do trabalho e isso fez com que refletisse e tomasse uma decisão importante na sua vida. Pediria transferência para a capital assim que voltasse a trabalhar. Ele sabia que, na agência central, havia vaga no seu setor.

Depois de alguns meses, ele se despediu dos amigos, da cidade, e começou a subir a serra, deixando para trás emoções, traumas, amor e ódio. Sentia uma falta muito grande de seu pai. Lá na serra, ele via o sol se pondo. E, dentro do seu coração, uma certeza.

Iria buscar sua felicidade. Algo dentro dele dizia que seria muito feliz.

Capítulo XVI

Confessando um Sentimento

Estamos no início dos anos 1980, na cidade de São Paulo. A adaptação de Flávio à cidade foi difícil, pois sentia muita falta de seu pai. No trabalho era feliz, gostava de trabalhar no centro de São Paulo. Vivia em uma pensão no Bairro da Liberdade. Sozinho, muitas vezes, nos fins de semana, ia passear no Parque do Ibirapuera. Fazia uma caminhada, gostava de ir às feiras livres para ter contato com as pessoas. Não tinha muitos amigos. Já estava nessa vida há quase dois anos e meio.

A única pessoa com quem tinha um relacionamento amigável era seu companheiro de trabalho, Guilherme. Muitas vezes, os dois saíam depois do expediente para descontrair e bater um bom papo.

Era comum se encontrarem no Parque para uma caminhada e, muitas vezes, depois disso, sentavam-se próximos ao lago e ficavam conversando, olhando as crianças que passavam brincando. Os pais com seus filhos, uns ensinando a andar de bicicleta, outros já os acompanhando numa boa pedalada.

Conforme os anos foram passando, a amizade se solidificou, até que Guilherme começou a se interessar pelo amigo, e o ajudou a melhorar sua situação no banco. Como tinha certa influência com algumas pessoas na diretoria, ele conseguiu uma oportunidade para Flávio.

Flávio começou a trabalhar diretamente com Guilherme, no setor de compensação de cheques. Guilherme se aproximou mais do companheiro de trabalho e descobriu a grande pessoa que ele era. Uma forte amizade começou a nascer entre os dois. Por isso, certa feita, enquanto tomavam um chopp em um dos bares da Avenida São João, e depois de contar um pouco de sua vida, Guilherme fez um convite ao amigo.

– Flávio, eu tenho você como um verdadeiro amigo – disse Guilherme, tocando sua mão.

Ao sentir o toque do amigo, Flávio sentiu também uma forte emoção, e olhou diretamente nos olhos de Guilherme:

– Eu também tenho um imenso carinho por você, Guilherme – disse Flávio, apertando as mãos do amigo.

– Quero lhe fazer um convite, mas, por favor, não me leve a mal.

– Diga, Guilherme, estou curioso. Qual é o convite? – perguntou Flávio, sentindo o seu o coração disparar.

Guilherme, olhando diretamente nos olhos de Flávio, disse, com a voz embargada:

– Você sabe, pelo que já lhe falei, que fui noivo, estive de casamento marcado, mas desisti.

– Sim, eu sei. Lembro-me de quando você me contou os detalhes.

– Mas não lhe falei o principal, por que desisti do casamento.

Flávio estava curioso. Sentia um calor o envolver e o carinho das mãos de Guilherme nas suas.

– Eu me apaixonei por uma pessoa. E não podia levar aquela mentira adiante. Estava com meu coração em pedaços, mas tive que tomar a decisão. Fui até a minha noiva e lhe falei a verdade, que não queria mais me casar, que a amava, sim, mas como uma amiga, como uma irmã.

– O que aconteceu? Qual foi a reação dela?

– Ela sofreu muito, nos conhecíamos desde criança, e sempre nossas famílias falavam que nós dois iríamos nos casar.

– Disse a ela que estava apaixonado por outra pessoa? – perguntou Flávio. – Eu também passei por uma situação semelhante, mas não cheguei a ficar noivo.

– Sim, falei, mas não disse quem era.

– Mas ela não lhe questionou?

– Sim, claro, muitas vezes, sempre que vou para minha cidade ela ainda me procura, mas somente a amizade ficou entre nós. Hoje, depois de mais de dois anos, entendeu que nossas vidas se cruzaram, nos amamos, sim, mas como dois irmãos. Ela refez sua vida, encontrou uma pessoa boa também.

– Então hoje vocês são amigos?

– Sim, dois amigos.

Uma energia estava invadindo aqueles dois amigos. Flávio tinha os olhos banhados, seu coração pulsava diferente, sentia algo estranho. Guilherme, por sua vez, nervoso, nunca tivera a coragem de conversar sobre os seus sentimentos com o amigo.

– Há quanto tempo nos conhecemos? Você sabe, Flávio?

– Como poderia esquecer? Três anos e meio.

– Pois é, meu querido, eu também não poderia esquecer a data em que nos conhecemos, lembro-me de quando você entrou no banco. Cruzamo-nos na saída, no horário de almoço, se recorda? Você estava meio perdido no centro de São Paulo, não sabia onde iria almoçar.

– Verdade! Estava eufórico, nervoso e totalmente perdido – respondeu Flávio, sorrindo, relembrando a cena.

– Lembra-se de onde fomos almoçar?

– Sim, claro.

– Pois é, meu querido, desde aquele dia você mexeu comigo.

Flávio não dissera nada. Ficou apenas esperando o amigo terminar suas colocações.

– Nossa amizade começou ali – disse Guilherme. – E o meu amor também.

Ao ouvir aquelas palavras, Flávio fechou os olhos e deixou que lágrimas disfarçadamente rolassem pela sua face, que ficou vermelha.

– Estou sendo franco, meu amigo, me perdoe se o ofendi.

– Não! Não diga isso, Guilherme. Você não me ofendeu.

– Vivo com esse sentimento guardado dentro do meu peito, me corroendo há muitos anos. Chego a sonhar com você. Fico triste quando chega sexta-feira e nos despedimos. Ficar sem vê-lo para mim, é um sacrifício. Minha vida é plena solidão, como sabe, vivo só aqui em São Paulo.

Flávio queria levantar e dar um abraço no seu amigo. Mas se conteve, ainda havia algumas pessoas no bar.

– Tenho um convite a lhe fazer.

– Diga, pode dizer, Guilherme.

– Quer vir morar comigo?

Flávio, radiante, deixou o copo sobre a mesa e, levantando-se, disse ao amigo:

– Levante-se. Quero lhe dar um abraço.

Guilherme levantou, sorrindo, e recebeu do amigo um abraço caloroso. Discretamente, Flávio lhe beija a face e diz ao seu ouvido:

– Desde que o vi, senti algo em meu coração. Tenho por você o mesmo sentimento que tem por mim. Amo você.

Guilherme abraçou o amigo e chorou em seu ombro.

– Eu também amo muito você.

– Então você aceita viver comigo? Moro sozinho no meu apartamento, quero ser seu companheiro. Quero acabar com a minha solidão, quero tirá-lo da sua solidão.

– Guilherme! Tenho que lhe fazer uma pergunta – disse Flávio, sentando-se novamente.

– Pode perguntar – respondeu Guilherme, sentando-se também.

– A pessoa que fez você terminar com o relacionamento, sou eu?

– Sim, é você, meu querido – disse Guilherme, olhando nos olhos de Flávio e deixando que seus olhos ficassem banhados de lágrimas. – Amei-o desde o momento em que lhe vi. E não poderia continuar vivendo uma mentira, mesmo correndo o risco de não ser aceito. Mesmo correndo o risco de nunca mais vê-lo, de perder sua amizade.

– Guilherme, eu não sei o que dizer, estou muito emocionado com tudo isso que está acontecendo entre nós.

– Deixe-me amá-lo, Flávio!

Eles não sabiam, mas ali ao lado estavam sua mãe Luzia e seu pai Raul, que, emocionado, disse:

– Querida, nosso filho vai sofrer muito. Não queria isso para ele.

– Raul, querido, o Amor enfrentará ainda muitas barreiras. Mas haverá um dia em que a humanidade entenderá que existem muitas formas de amar.

– Meu Deus! Por que ele não me falou nada? – disse Raul.

– Nosso filho é uma pessoa sensível. Não queria magoá-lo. Muitas vezes, eu me encontrava com ele em sonho, ele chorava e desabafava. Tinha medo de lhe dizer o estranho sentimento que tinha no peito.

– O que vamos fazer? – disse Raul a sua companheira.

– Vamos pedir a Deus em nossas preces para que esses dois espíritos que se reencontraram possam viver um Amor puro.

– Mas e o preconceito? Sabe que eles podem até ser mandados embora do emprego?

– Querido, isso não irá acontecer. Eles saberão manter as aparências.

Raul vai ao encontro do filho e o abraça. Flávio tem, nesse instante, a lembrança do pai. Um calor o invade. Tem vontade de chorar. Seus pensamentos se misturam e ele diz ao pai:

– *"Me perdoe, papai! Mas esse amor é mais forte que eu."*

Lendo o pensamento do filho, Raul diz:

– Filho, eu sempre vou amá-lo. Você será sempre o meu filho amado. Que Deus possa abençoá-lo.

Enquanto Raul conversava mentalmente com o filho, Luzia envolve Guilherme carinhosamente.

– Meus filhos, esse reencontro! – disse ela, agora envolvendo os dois em uma luz azulada.

– Já era previsto esse reencontro, só que não dessa maneira. Mas quem sou eu para condenar. Tive também minhas falhas. Embora em corpos iguais, o sentimento de Amor que existia em seus corações brotou e rezo para que ele encontre a Luz Divina.

Capítulo XVII

E os Anos Passam

Os dois amigos vivem felizes. Continuam a trabalhar juntos, ambos são promovidos. Estavam realizados no trabalho e na vida sentimental. Guilherme incentivava tudo o que o amigo desejava fazer.

Flávio trabalhava nos fins de semana em uma boate como transformista. Seus *shows* faziam muito sucesso; as imitações eram perfeitas. A cada novo trabalho que ia realizar, aceitava as ideias de Guilherme e suas críticas, até ficar perfeito. A primeira apresentação era exclusiva para seu companheiro. Flávio se transformava em seus ídolos. Na hora da apresentação, uma energia o invadia por inteiro. Ensaiava um novo número em homenagem à cantora Elis Regina. Enquanto realizava o ensaio, em um momento de descanso, ele contou que assim que chegou a São Paulo foi assistir a um *show* de sua diva.

– Fui ao Teatro Bandeirante, no *show* Falso Brilhante. Assisti duas vezes. Comprei o disco, fiquei encantado.

– Eu também gosto muito dela – disse Guilherme. – Assisti a uma das últimas apresentações. Foi no Canecão, no Bairro de Santana.

– Lembro-me desse *show* – disse Flávio, pegando um LP e beijando com carinho a foto da cantora.

– Eu acho que você, quando interpreta Elis, transforma-se de uma maneira no personagem que fico emocionado. Principalmente nessa música "Atrás da Porta".

– É verdade, também sinto isso. Uma coisa parece invadir todo o meu ser. Não estou dublando. Estou interpretando um personagem.

Assim, a vida dos dois seguia normalmente. Tudo corria bem, porém, uma coisa estava deixando-os preocupados. Como revelar tudo à família? Depois de muito conversarem, decidiram que não revelariam nada a ninguém. Mesmo porque Guilherme, quando ia visitar seus parentes, raramente levava Flávio, pois sempre era nos fins de semana.

Numa dessas viagens que fez para visitar sua família, Guilherme telefonou para casa:

– Querido, minha mãe está muito doente. Preciso cuidar dela, ela terá que fazer uns exames em São Paulo.

– Sim, meu amor – disse Flávio ao amigo. – Mas por que está aflito?

– Querido, teremos que hospedá-la em casa.

– Não vejo problema, Gui.

– Você não se importa? Posso levá-la comigo domingo à tarde.

– Claro, Gui, gosto muito de sua mãe. Vou ajudá-lo a cuidar dela.

Guilherme ficou emocionado do outro lado do telefone.

– Gui? Você ainda está aí?

– Sim! Meu querido, estou aqui. Obrigado pela compreensão.

– Jamais eu deixaria que sua mãe não tivesse o amparo que você tem de dar a ela.

– Na verdade, eu já sabia da sua decisão, Flávio. Meu coração não se engana.

– Amo muito você, Guilherme. Traga logo essa joia de mãe. Vou ajudá-lo no que for necessário.

O domingo chegou. Flávio fez um almoço especial para esperar o companheiro e sua mãe. Com certa dificuldade, ela andava amparada no filho e nas paredes. Quando Flávio abriu a porta do apartamento, ele a recebeu de braços abertos.

– Seja bem-vinda minha querida! Essa é sua casa também.

Ela o abraçou carinhosamente.

– Obrigado, meu filho, que abraço gostoso! Mas eu não quero dar trabalho.

– Será um prazer ajudar a cuidar da senhora.

Os dois amigos se abraçam. Um abraço apertado. A vontade era de se beijarem, mas apenas sorriem e fazem um carinho um ao outro, bagunçando os cabelos.

– Conte comigo para tudo – falou Flávio.

Dona Marly presenciou o carinho dos dois e ficou feliz.

– Mamãe, venha, sente-se aqui no sofá, a senhora deve estar cansada.

– Não, o quarto dela já está arrumado.

Guilherme, ao ouvir aquelas palavras, ficou sem entender.

– Venha, traga sua mãe – disse ele, abrindo a porta do único quarto que havia.

Guilherme ficou emocionado, Flávio havia mudado as coisas de maneira que dona Marly ficasse mais confortável. Tirou algumas coisas pessoais e levou para a sala, deixando dona Marly bem à vontade.

– Meus filhos! Não queria incomodar. Eu durmo bem na sala.

– Nada disso! Eu durmo na minha bicama na sala e o Guilherme dorme na outra cama. Assim a senhora fica mais à vontade. Olha, deixei um espaço para a senhora colocar suas roupas. Esse lado do guarda-roupa é para a senhora.

– Meus filhos, não me acostumem mal – disse ela para Flávio.

– Eu gosto muito da senhora. Gosto como se fosse minha terceira mãe.

Ela, emocionada, o abraçou.

– Obrigada meus filhos, pelo carinho.

Guilherme também os abraçou.

– Dona Marly, eu quero ajudar. Não me custa nada, é como se estivesse fazendo para minha mãezinha.

– Mas você chega cansado do trabalho.

– Nada disso! – disse ele beijando os cabelos brancos, que estavam ficando ralos. Guilherme emociona-se com o carinho que o companheiro dá a sua mãe. Naquela tarde, Flávio ajuda-a a tomar banho enquanto Guilherme prepara a sua roupa. Flávio a leva para o quarto nos braços e coloca-a na cama.

– Pronto! Aqui está nossa princesa!

Ela, meio sem jeito, sorri.

– Mamãe, aqui está sua roupa. Quer que a ajudemos?

– Não, meus filhos, isso eu consigo fazer. Podem me deixar sozinha. Vou aproveitar e descansar um pouco.

Os dois estão saindo do quarto quando Flávio diz para ela:

– Vou fazer um chá e trazer com bolachas para a senhora.

Ela sorri. Os dois dirigem-se para a cozinha, para preparar o chá.

Lá chegando, Guilherme abraçou o companheiro demoradamente. O Amor é muito grande entre aqueles dois seres. Emocionado, Guilherme diz:

– Não sei o que seria de mim sem você na minha vida.

– Pois eu daria um jeito de aparecer em sua vida – respondeu Flávio beijando-o. – Iria buscá-lo até lhe encontrar.

Depois de levarem o chá com bolachas para o quarto, os dois amigos sentam-se no sofá da sala para ver TV. Guilherme, nervoso, não consegue disfarçar.

– O que está pensando, está calado? – perguntou Flávio, acariciando as mãos do companheiro. – Você está gelado, meu querido. Sente-se bem?

– Estou preocupado. Como vou dizer sobre nós dois para minha mãe?

– Falaremos na hora certa, fique tranquilo. Na verdade, acho que ela já sabe.

– Será?

– Guilherme, coração de mãe não se engana.

Flávio sentou-se na ponta do sofá, deu o colo para o amigo colocar a cabeça e permaneceu fazendo carinho nos cabelos do companheiro que chorava baixinho.

– Não fique assim. Estou aqui do seu lado.

– Será que ela já sabe mesmo? Será que não vou causar mais um sofrimento a ela?

– Não, meu querido. Confie em mim. Ela já sabe e há muito tempo.

Aquela noite passou devagar, os ponteiros pareciam não andar. Guilherme não conseguiu dormir. Muitas vezes, sentou-se na cama e olhou para Flávio, que dormia mais acima, e ficava sorrindo.

– *"Não sei o que seria de mim sem você, meu amor"*, fechando os olhos pensava.

– Meu Deus! Se estiver pecando por amar outro homem, me perdoe. O meu sentimento é o mais puro que tenho. Eu não poderia fazer uma mulher feliz, sendo eu um homem infeliz.

Voltou a deitar a cabeça no travesseiro. As horas passaram e nada do sono chegar. Logo pela manhã, Flávio levanta-se e vê que Guilherme está dormindo um pequeno cochilo, mas assim que ouve o companheiro fazendo barulho na cozinha, ele rapidamente se levanta.

– Flávio, por que não me chamou? Eu preparo o seu café.

– Nada disso! Eu já estou terminando. Arrume a mesa para mim, então, enquanto vou tomar um banho rapidinho.

– Então vá, querido, lhe espero, para tomarmos o café juntos.

Flávio estava no banho quando Guilherme entrou no banheiro trazendo a roupa para ele.

– Obrigado, Gui, esqueci-me de tirar do quarto ontem.

Guilherme senta-se na cadeira, segurando a roupa enquanto conversa e fica a observar a beleza de Flávio.

Os dois vivem a vida sempre trocando carinho; nunca, em anos de relacionamento, houve um desentendimento.

Já na cozinha, tomando café, Guilherme comentou sobre o estado de saúde de sua mãe:

– Ela está muito doente, seu estado é grave, não temos muita coisa a fazer, o próprio médico dela me chamou e disse. O câncer está adiantado, praticamente se espalhou pelo corpo, intestino, pulmão, enfim, ela tem pouco tempo de vida.

Emocionado, não conseguiu terminar de falar. Flávio levantou-se e envolveu o companheiro em um abraço. Guilherme chorou, soluçando baixinho.

– Sinto que vou perdê-la.

– Sei o que seu coração está sentindo querido, pois Deus já me levou meus entes queridos, deixando-me sozinho.

– Se ela se for, não me restará mais ninguém a não ser você, Flávio.

– Temos um ao outro. Nosso Amor é para o resto de nossas vidas, e se existir outra vida além dessa, será para a eternidade.

– Não posso contar com o resto de minha família, eles nunca me aceitaram. Sinto-me como um estranho no ninho.

Flávio terminou o café, pegou seu paletó e se dirigiu para a porta. Abraçou carinhosamente Guilherme, que, depois, lhe arrumou a gravata e sorrindo lhe disse:

– Vá com Deus! Tenha um bom dia de trabalho.

– Não se preocupe comigo. Você está de férias, mas, se precisar de algo, me ligue, virei rapidamente.

– Se vir alguém do meu setor, mande lembranças.

– Pode deixar, querido, darei lembranças suas.

Eles trocaram um beijo e Flávio saiu para o trabalho. Guilherme fechou a porta, voltou para a cama e olhou o relógio, que marcava 8 horas. Ainda era cedo para acordar sua mãe e, por isso, resolveu tirar um cochilo.

Capítulo XVIII

Uma Conversa Materna

O dia passou rapidamente para Flávio, que estava trabalhando, mas, para Guilherme, pareceu que as horas andavam devagar. Ele cuidou de sua mãe carinhosamente. Levou-a ao hospital, entregou os exames para o médico ver. Depois de um tempo, o doutor pediu para que a enfermeira levasse dona Marly para realizar mais um exame.

Quando os dois ficaram a sós no consultório, ele se aproximou de Guilherme com os exames nas mãos e falou:

– Guilherme, eu vou ser franco, o estado dela é muito grave. Você sabe que esses remédios não estão fazendo mais efeito, terei que receitar morfina.

– Morfina?

– Sim. Na realidade, até agora eu não entendi como sua mãe não reclamou de dor. Você nunca a viu reclamar?

– Não, doutor, ela nunca reclama.

– Olha, sua mãe é a resignação em pessoa, pois outra no lugar dela já teria entregado os pontos.

– Minha mãe foi uma mulher que batalhou muito na vida para cuidar dos filhos, depois que meu pai a deixou. Ela ficou viúva com quatro filhos pequenos, foi muito difícil, e logo depois perdeu a filha. Não foi fácil, lembro-me muito bem de como foi sua vida.

– Sua mãe é uma mulher de garra.

– Sim, ela tem muita fé. Sempre orava ajoelhada diante das imagens de Nossa Senhora e do Sagrado Coração de Jesus. Sua fé era tanta que todos nós ajoelhávamos ao seu lado e a acompanhávamos nas suas orações.

– É isso que dá a ela o anestésico para não sentir dor ou, se ela sente, não reclama – disse o doutor.

Guilherme saiu do hospital levando sua mãe. Aproveitou para mostrar-lhe um pouco da cidade. Ela, sempre sorrindo, acompanha o movimento de tudo a sua volta.

Quando chegaram à casa, ela aproveitou para descansar enquanto via televisão. Guilherme deu-lhe os remédios, e depois foi para cozinha preparar o jantar. Não demorou e logo Flávio chegou do trabalho, todo molhado, pois uma chuva caiu de repente.

Ele entrou, cumprimentou dona Marly de longe, deixou um volume na cozinha, beijou Guilherme, foi até o banheiro trocar a roupa molhada e depois foi beijá-la.

– Como passou nossa princesa hoje?

– Bem, meu filho! E você, como foi seu dia de trabalho?

– Ótimo! Muito trabalho!

Depois de darem o banho e o jantar para dona Marly, os três se sentaram na sala para ver TV. Guilherme, ao lado da mãe, lhe disse:

– Mamãe! Tenho algo importante para lhe dizer.

– Pois diga, meu filho, o que está afligindo esse coraçãozinho? – disse ela, acariciando a mão do filho.

Dona Marly escutava o que o filho dizia, permanecia calada, apenas acariciando suas mãos.

– Mamãe, a senhora sabe o motivo que me fez terminar o meu noivado?

– Filho, se você terminou é porque viu que não amava sua noiva o suficiente para assumir um compromisso.

– Sim, a senhora tem razão, eu não queria fazê-la infeliz, formar uma família, e depois terminar. Muitos corações sairiam feridos.

– Você fez bem, meu filho. Eu via que você não estava feliz com o compromisso assumido. E, nos últimos tempos, você sofria calado, se fazia de feliz, mas um coração de mãe sabe quando o filho está sofrendo.

Flávio escutava tudo, estava com o coração acelerado, não sabia qual seria a reação de dona Marly. Ele tinha vontade de sair e deixar os dois conversando sozinhos.

A conversa continuou até que a campainha tocou. Para Flávio, foi um alívio, rapidamente ele se levantou e foi ver quem era. Mãe e filho pararam de conversar e ficaram atentos.

– Olá, boa-noite! Como vai, Guilherme? – perguntou uma pessoa.

– Bem, e a senhora? – respondeu Flávio, sem saber de quem se tratava.

– Estou bem, Guilherme.

– Eu não sou o Guilherme, sou Flávio.

– Estou bem, me desculpe, jovem, quero saber de dona Marly. Você não me conhece, sou amiga dela de longa data.

– A senhora não quer entrar? Dona?

– Angelina. Vim visitar minha neta que ganhou um bebê e, como sabia que a minha amiga tinha vindo para a casa do filho, resolvi fazer-lhe uma visita.

Ao ouvir aquele nome, Guilherme teve um calafrio. Mas levantou-se e foi atender à senhora.

– Ah! Esse é o Guilherme – disse a senhora, rindo.

– Como vai, dona Angelina? Entre, por favor.

Flávio, ao ver a reação do companheiro, que ficou pálido, fechou a porta e entrou na cozinha, enquanto Guilherme levava dona Angelina até sua mãe, que ficou feliz ao ver sua amiga.

– Angelina, que bom que você veio me ver!

– Imagine se não viria, liguei para casa e minha filha me falou que você tinha vindo com o Guilherme.

Mas sente-se aqui e me diga. Então você já é bisavó?

– Pois é, minha neta Tereza teve uma linda criança. Nasceu com 4 quilos, é uma bela menina!

As duas ficaram conversando enquanto Guilherme foi até a cozinha ver o que seu companheiro estava fazendo. Ele estava sentado à mesa, cabisbaixo e pensativo. Guilherme se aproximou e o abraçou.

Eles não disseram nada, apenas se olharam e permaneceram calados. Há momentos em que as palavras não precisam ser ditas. Depois de algum tempo, Flávio perguntou ao companheiro:

– Quem é essa senhora? Você ficou desconcertado logo que a viu.

– Essa senhora é a mãe da minha ex-noiva.

– Ah, entendo. Não precisa dizer nada.

Guilherme, nervoso, foi até a janela e olhando os pingos de chuva que escorriam pelo vidro, ficou pensativo. Depois, encostando a cabeça na janela, ele começou a chorar. Flávio levantou-se, foi até ele, abraçou-o pelas costas e falou, baixinho:

– Estou do seu lado, aconteça o que acontecer.

– Estou com receio, acho que não vou contar nada a ela.

– Você começou, agora vá em frente – dizendo isso, Flávio pegou nos ombros do amigo e, virando-o de frente, falou:

– Essa situação não pode continuar. Conte-lhe a verdade. Se ela não aceitar, eu saio da sua vida.

– Não, não diga isso, não sei viver sem você – disse Guilherme, abraçando fortemente o companheiro. – Dei um passo importante da minha vida quando terminei meu noivado e escolhi você.

– Sim, eu sei, mas agora é sua mãe. A escolha é diferente. O amor é diferente. E não vou ser o motivo de sofrimento entre vocês.

– Flávio, por favor, não me deixe. Não consigo viver sem você.

– Eu também não sei se vou suportar ficar longe de você.

Aquela conversa era realizada quase aos sussurros, estavam emocionados e não queriam que elas escutassem, embora a TV estivesse um pouco alta e as amigas conversassem sem parar.

– Escute, querido – disse Flávio, segurando o rosto de Guilherme. – Se precisar, eu vou para uma pensão enquanto ela estiver aqui com você. Não quero causar transtorno a sua vida.

– Não, por favor, não diga isso, Flávio.

– Eu sempre vou amá-lo. Vou sofrer um pouco, sim, mas será por pouco tempo. Eu o amo, Gui – disse Flávio, beijando-o.

– Por favor, me ajude – falou Guilherme, chorando.

Flávio continuava a beijá-lo.

– Vou lhe ajudar. Sabe que pode contar comigo sempre.

Os dois conversaram durante mais algum tempo. Mais tranquilo, Guilherme preparou um café para a visita. Flávio ficou observando a chuva que caía lá fora e, no vidro da janela, as lágrimas da chuva escorriam iguais às que escorriam de seus olhos.

"Por que, meu Deus? Sempre há um empecilho que me impede de ser feliz! Por que o Senhor me afasta das pessoas as quais tanto amo, ou as leva pra longe de mim? Por quê?", pensava ele.

Nesse momento, ele foi envolvido pela energia de sua mãe, que, carinhosamente lhe disse:

– Meu filho querido, filho do meu coração. Não chore, nem maldiga a Deus. São as pedras no caminho que você escolheu para caminhar, meu filho. Elas serão necessárias para o seu crescimento. Coragem!

Ele não consegue ver, mas, em seu coração sente uma emoção, juntamente com uma lembrança. Ele se imaginou criança e se aproximou de sua mãe querendo colo. Ela parava de pedalar a máquina de costura para atender ao filho do coração.

– O que foi, meu filho? – dizia Neusa, colocando a costura sobre a máquina e depois pegando o filho no colo.

O pequeno nada dizia, apenas tremia de medo, choramingava baixinho.

– Teve um sonho ruim, meu filho? Não foi nada, foi apenas um sonho.

Sempre que isso acontecia, era porque Flávio sonhava com seu pai Custódio e outro homem brigando com ele. Sem saber o motivo, ele acordava assustado e logo corria para o colo da mãe, que ficava costurando até altas horas da noite. As lembranças do tempo de infância deixaram-no emocionado.

Flávio foi envolvido pelo abraço do espírito materno que, carinhosamente, beijou seus cabelos. Neusa acariciou o rosto do filho, tentando enxugar as lágrimas que rolavam dos olhos tristes.

– Mãezinha, que dor eu estou sentindo no meu peito! – dizia ele, baixinho.

A conversa mental entre os dois continuou. Guilherme, vendo a tristeza do momento, aproximou-se e beijou o ombro do companheiro.

– Vamos lutar por nosso amor!

Neusa, vendo a sinceridade dos sentimentos dos dois, os abraçou, e elevou ao Pai um pedido:

"Deus todo-poderoso, proteja esses dois filhos que se amam e que sofrem por amar diferente. Perdoe-nos, Pai de infinita bondade, os nossos erros. Vejo que seus corações sofrem por sentir esse Amor que não é compreendido, mas é um Amor verdadeiro."

Ela observou a energia de Amor que envolveu os dois, e continuou em sua súplica aos Céus:

"Meigo Jesus da Galileia, quando o Senhor perdoou a mulher adúltera, foi com amor, por isso, como mãe eu lhe peço, perdoe esses meus filhos, que não tiveram força para vencer essa barreira.

É uma mãe que lhe pede humildemente, Jesus. Envolva esses dois espíritos que vieram para a jornada evolutiva. O amor que os uniu e que existe em seus corações aflorou, e foi mais forte. Ensina-nos, Senhor, a Amar e a perdoar."

Do coração de Neusa, saiu uma luz verde que os enlaçou, formando um elo luminoso, enquanto uma luz azulada do alto envolveu todo o ambiente. Emocionados, os dois se abraçaram, sentindo o calor do Amor materno. Enquanto isso, na sala, as duas amigas conversavam animadas. Guilherme apareceu trazendo, em uma bandeja, café com alguns biscoitinhos, e depositou-a na mesinha de centro. Depois, puxando-a para mais perto das duas, disse:

– Um cafezinho da hora, com biscoitinhos de nata, como sei que a senhora gosta, dona Angelina.

– Obrigada, meu filho. Você, sempre carinhoso comigo – respondeu ela.

Depois, pegando um, provou e falou:

– Que delícia! Essa é a receita que lhe dei?

– Sim, foi a que a senhora me ensinou a fazer.

– Pois aprendeu muito bem. Está melhor do que os que eu faço.

Guilherme riu do comentário.

– Ainda não sei, Marly o que levou nossos filhos a desistirem do casamento. Acho uma pena. Minha filha prefere não tocar no assunto, mesmo porque ela refez sua vida.

– São coisas que acontecem, dona Angelina. O importante é que somos bons amigos.

– Na realidade, amiga Angelina – disse dona Marly – nossos filhos foram criados como irmãos.

– É isso mesmo. Dois irmãos – respondeu Angelina.

– Acho que a senhora já falou a resposta, dona Angelina, eu e sua filha somos dois irmãos. Gosto muito dela, e ela de mim, mas é um amor de irmão. Um amor puro.

– É, meu filho, eu não entendo muito disso, mas agora é tarde, né?

A conversa entre as duas ainda continuou até mais tarde. Quando dona Angelina estava saindo, aproximou-se da TV para ver uma foto que estava na estante. Nela, estavam Flávio e Guilherme, abraçados.

Ela, curiosa, pegou a foto e ficou examinando. Guilherme sentiu uma sensação ruim.

– Seu amigo?

– Sim, é o Flávio, que mora aqui comigo. Dividimos o apartamento.

– Hum! Entendi – disse ela, notando que havia mais fotos pela parede da sala. Sempre os dois sorrindo, e abraçados.

Flávio apareceu para se despedir da senhora.

– Esteve chorando? Está com os olhos vermelhos.

– Não, senhora, eu acho que é um resfriado que estou pegando – disse Flávio.

– Deve ser essa mudança de tempo. Ora chove, ora faz frio nessa cidade – completou dona Marly.

– Ah! Tome um chá de alho com mel que é muito bom – aconselhou dona Angelina enquanto saía.

– Venha me ver outras vezes, minha amiga.

– Virei sim, pode deixar.

Assim que ela saiu, dona Marly disse ao filho:

– Bem, vou me recolher, já está tarde. Boa-noite, meus filhos.

Ela se acomodou em sua cama. Fez sua prece, mas o sono demorou a vir. Começou a se lembrar das palavras e insinuações que a amiga fez com relação aos dois filhos do coração:

"Meu bom Deus! O Senhor que criou o homem, o Universo, criou as plantas que embelezam o Planeta. Criou os pássaros que gorjeiam as mais belas melodias, criou o Sol, o Vento, o Céu e a Terra. Criou o Homem, e mostrou a ele que o Amor é uma semente que foi plantada por seu filho Jesus há muitos anos, e ainda existem tantos corações em que elas estão encubadas, impossibilitadas de germinar.

Faze, Senhor, que um raio do seu Amor, na forma de luz, aqueça essa semente e a faça germinar. Assim, Pai de Amor e Bondade, o Homem deixará de lado o preconceito, o orgulho, os sentimentos brutos e violentos que ainda moram nos corações da humanidade.

Um dia, Senhor, no coração do Homem brotará sentimentos de Amor, e haverá harmonia entre o Céu e a Terra, e entre todos os irmãos. Aí sim, não haverá diferença."

Suas palavras fluem do fundo de seu coração e acabam gerando uma energia que envolveu todo o ambiente. Ela adormeceu e, rapidamente, se desligou do corpo físico. O companheiro espiritual ali estava ao seu lado e a levou para mais uma viagem astral, onde ela receberia instruções e energias de amor e paz.

Enquanto isso, na sala, os dois jovens não conseguem dormir. Flávio deitado com a cabeça no peito de Guilherme, acaricia sua mão.

– Meu querido, tenho aqui comigo que a vida ainda nos revelará muita coisa.

– Como assim? Não estou entendendo o que você quer dizer.

– Muitas coisas nós ainda passaremos juntos. Teremos que enfrentar situações onde o nosso Amor será questionado por outros, que não o aceitarão.

– Isso não me preocupa. No dia em que resolvi viver com você, joguei pela janela da minha vida todos aqueles que poderiam me dar constrangimento. Se alguém não aceitar nossa relação, não tem problema algum, essa pessoa será apagada da minha vida.

– Mesmo sendo alguém que você ame?

– Se alguém que diz me amar não aceitar o momento, ou a minha escolha para ser feliz, esse alguém não me ama.

– E o seu amor, Guilherme? Saberá perdoar?

– Não sei se estou pronto para perdoar alguém que não quer me ver feliz. E você, Flávio, seu coração perdoará alguém que não aceite o nosso amor?

– Bem, meu amor, minha situação é diferente, eu estou só no mundo, tenho somente você. Todos aqueles aos quais amei na vida Deus já os levou. Mas se eles estiverem vivos, como às vezes eu chego a pensar, e até escutar, acredito que saberão aceitar a minha escolha.

Embora a conversa tenha durado ainda algumas horas, eles não conseguiram ter um sono tranquilo. Mais uma noite eles passam com os corações agoniados.

Capítulo XIX

O Último Passeio

O dia amanhece, é feriado na cidade de São Paulo. Eles planejam levar dona Marly para um passeio no Jardim da Luz. Antes, porém, Flávio vai à feira, compra frutas e umas rosas. Ele quer fazer uma surpresa para ela.

Assim que chegou da feira, ele foi ajudar Guilherme a fazer um almoço especial. Guilherme abriu uma garrafa de vinho, e já sentados à mesa, eles fazem um brinde:

– Ao nosso amor – disse Guilherme, erguendo o copo de vinho.

Feliz, dona Marly levantou o copo e falou:

– Que esse Amor, meus filhos, dure pela eternidade.

– Eternidade?

– Sim, Flávio, pela eternidade. Quero que vocês sejam felizes, meus filhos.

Diante das palavras de sua mãe, Guilherme não sabia o que dizer. Os dois ficaram surpresos. Ele, emocionado, levantou e abraçou sua mãe, chorando muito. Beijou várias vezes os cabelos brancos da mãe, e depois dona Marly, ainda sentada, olhou nos olhos de Guilherme e disse:

– Filho, o coração de mãe sabe o que se passa no coração dos seus filhos, mesmo que eles tentem esconder.

– Mamãe, mas como a senhora ficou sabendo?

– Meu filho, olhando nos seus olhos, vendo a maneira e o carinho com que Flávio sempre cuidou de você e como ele me trata. O seu Amor é franco, lindo. Sei que ele o ama. E sei que você também o ama.

– Mamãe, eu me encantei pelo Flávio assim que o conheci. E por isso desisti do meu casamento.

– Fez bem, meu filho, pois você não seria feliz. Teria um sentimento que o faria sofrer dentro do seu coração. Pela vida inteira, você seria infeliz e sua família também.

– Dona Marly, os meus sentimentos pelo seu filho são os mais verdadeiros que tenho e posso sentir! Amo-o muito, assim como amei meus pais. Senti, desde o primeiro momento em que o vi, que meu coração começou a bater diferente.

Flávio tocou as mãos de Guilherme, emocionado. E, levantando-se, o abraçou.

– Obrigado, dona Marly. Eu a considero como sendo minha mãe.

– Sim, meu filho, e fico feliz por ser uma mãe para você também.

– Mamãe, hoje é um dia muito feliz para nós.

– E para mim também, meus filhos. Eu abençoo a relação de vocês. Filhos, eu aprendi muito lendo os livros da doutrina espírita. Sei que estamos trilhando um caminho para a evolução. Somos espíritos encarnados em um planeta escola, e as lições são, muitas vezes, difíceis a princípio. Mas, se tivermos fé, venceremos essas provas.

– Nossa, mamãe, não sabia que a senhora tinha se tornado espírita!

– Não me tornei, filho. Não pude frequentar, mas sempre gostei de ler. Desde que seu tio Lázaro frequentava o centro. Lembra?

Os dois ouviam atentamente as palavras de dona Marly.

– Sei, meus filhos, que muitos não aceitam a relação entre as pessoas iguais. Sei também que vocês enfrentarão situações delicadas. Mas tenham fé, deixem que o Amor de vocês fale mais alto.

Depois de ouvir isso, Flávio levantou, foi até a cozinha e voltou com rosas vermelhas que ele havia comprado especialmente para ela.

– Essas rosas são para a pessoa mais linda!

– Filho, que lindas! – disse ela, beijando as rosas. – Obrigada, meus queridos.

– A senhora merece um jardim, como não posso trazê-lo aqui, trouxe essas rosas.

– Mas podemos levar a mamãe até um jardim! O que acha, querido?

– Claro, será um lindo passeio.

– O que vocês estão planejando, meus filhos? – perguntou ela, sorrindo.

Flávio e Guilherme ajeitaram-na em uma cadeira de rodas. Lá fora, o táxi do senhor Benê já os estava esperando.

– Boa-tarde, senhor Benê! – cumprimentou ela, sorridente.

– Boa-tarde, dona Marly! Como está passando?

– Estou bem, meu filho.

O taxista ajudou a colocá-la no carro. Sorridente, ela vai fazendo o percurso. Faz uma viagem no tempo, recordando os momentos em que morou na cidade de São Paulo.

No Jardim da Luz, ela ficou feliz, deu milho aos pombos, depois jogou pedacinhos de pão para os peixes. Eles ficaram sentados próximos a um grupo de crianças que brincavam.

– Filhos, como são importantes na nossa vida! – falou ela, juntando as mãos dos dois com as suas. Ela estava feliz ao lado de seus filhos.

– Mamãe, o que acha de tomarmos um sorvete?

– Boa ideia, eu vou comprar – disse Flávio. – Que sabor a senhora quer? Limão ou abacaxi?

– Hummm... – disse ela, indecisa.

– Pois bem, vou buscar de vários sabores.

Flávio voltou com um punhado de sorvetes de vários sabores. Eles se deliciaram. Dona Marly estava radiante e eles também. Queriam contar para o mundo, mas como? Seria impossível.

Dona Marly agradecia a Deus pelos momentos que vivia na companhia de seus filhos do coração. Na volta para casa, ela ia se despedindo da cidade. Uma sensação estranha invadiu seu peito já cansado, diante dos sofrimentos que a vida lhe proporcionou. Após chegarem, depois do banho, ela, já deitada, chamou os dois. Cada um sentou-se de um lado da cama.

– Filhos queridos, se Deus me levasse hoje, partiria feliz, pois estou deixando você, meu filho, feliz.

– Mamãe, não diga isso, a senhora ainda vai viver muito.

– Filho querido, nunca se envergonhe dos seus sentimentos. É um Amor puro que existe entre vocês dois, por isso, eu digo: lutem por esse Amor. Não deixem que nada os separe.

Depois, dirigindo-se a Flávio, disse:

– Flávio, amo você como a um filho querido. Faça meu Guilherme feliz, cuide dele.

– Pode deixar, dona Marly, vou cuidar dele. Eu o amo muito.

– Vejo isso nos seus olhos. Sabe de uma coisa? Se sua mãe estivesse aqui, ela também abençoaria a união de vocês dois.

– Sim, tenho certeza, às vezes, chego a sentir o seu perfume, como se ela estivesse ao meu lado.

– Sabem, meus filhos, o Amor um dia irradiará nos corações de toda a humanidade. E todos seremos irmãos, não haverá mais diferentes raças, religiões, os preconceitos desaparecerão. Seremos todos irmãos!

Dona Marly abençoa os dois e se ajeita nos travesseiros para mais uma noite. Os dois saem do quarto felizes. Enfim eles poderiam assumir, pelo menos ali, o intenso Amor que sentiam um pelo outro.

Naquela noite, praticamente não dormiram, estavam felizes, vivendo um verdadeiro Amor. Tinham muitos planos pela frente. Sonhavam, um dia, quem sabe, adotarem uma criança.

– O que você acha da ideia, Guilherme?

– Será que conseguiremos? Acho que não, nossa sociedade é muito preconceituosa ainda. A justiça jamais daria a guarda para dois homens cuidarem de uma criança.

– É, eles preferem que as crianças fiquem nos orfanatos ou pelas ruas, abandonadas ao Deus dará. Aqui mesmo, quantas crianças não estão perdidas na Cracolândia? – lembrou Flávio.

– Não iremos conseguir consertar o mundo, querido. Lembre-se de que nós vivemos também à margem da sociedade.

– À margem da sociedade, que é cega aos problemas sociais pelos quais passam os excluídos. Será que um dia a gente poderá caminhar de mãos dadas, com uma criança negra ou vermelha? Como simples casais heteros?

– Minha mãe me diz que um dia o mundo será pleno de Amor – falou Guilherme, sorrindo.

– Será uma utopia? Ou viveremos ainda? – questionou Flávio.

– Talvez paguemos para ver. Ou melhor, já estamos pagando.

– Não importa, pelo menos aqui, no nosso mundo, seremos felizes. Com a bênção de minha mãe, ou melhor, de nossa mãe.

Os dois sorriem e, abraçados, acabam por adormecer. Quantas pedras eles ainda encontrarão em seus caminhos? Somente Deus saberá. Conseguirão eles ser resignantes? Os sofrimentos causados por essas pedras se tornarão cicatrizes de luzes ou chagas de revoltas?

Capítulo XX

Uma Crise

Os dias passam e dona Marly não está bem, tem algumas crises, embora não reclame, ela geme baixinho. Guilherme lhe dá a medicação receitada pelo médico.

Pouco a pouco, sua saúde piora, evidencia-se uma fraqueza geral, sua face fica abatida, os olhos estão profundos. Ela não está se alimentando mais. Guilherme, muito triste, vê que sua mãe não tem muito tempo de vida.

Numa manhã fria, eles acordam com um barulho estranho vindo do quarto. Apressadamente, vão para lá e encontram dona Marly imóvel sobre a cama.

– Mamãe, diga alguma coisa! Por favor! – diz Guilherme abraçando a mãe.

– Acalme-se, Gui. Vamos levá-la para o hospital.

Flávio abre a janela do quarto para entrar claridade. A fisionomia de dona Marly é de muita dor. Guilherme rapidamente liga para o amigo taxista que, por sorte, ainda estava em casa, não havia saído para o trabalho.

Os dois levam-na até o táxi do senhor Benê, e rapidamente chegam ao hospital. Ela fica internada. Eles se revezam no quarto até que ela é transferida para a UTI e não reconhece mais ninguém. Os dois ficam esperando no saguão da Santa Casa. O taxista, que é amigo da família, se aproxima e diz:

– Guilherme, o senhor precisa de algo? Não quer que eu vá buscar alguma coisa em casa?

– Não, senhor Benê. Não precisa.

– Qualquer coisa o senhor me liga, tem o telefone de casa?

– Sim, tenho, qualquer coisa eu lhe informo.

O doutor se aproxima do grupo e diz:

– Quem é o filho de dona Marly?

– Sou eu, doutor! Guilherme.

– O estado de saúde de sua mãe é gravíssimo. Ela não tem muito tempo de vida. O câncer se alastrou, e não há mais nada a fazer. Você poderá vê-la. Venha comigo.

Guilherme acompanha o doutor, mas olha para Flávio e o chama.

– Flávio, venha, meu querido.

O médico olha para Guilherme.

– Ele pode vir também, doutor? Por favor? Minha mãe o considera como filho.

Eles se dirigem para uma sala antes de entrar para vê-la. Ambos colocam um avental com máscara e entram. A cena é muito triste, uma senhora que lutou tanto na vida agora era mantida por uma máquina. Ao ver aquilo, Guilherme passa mal, uma emoção o invadiu. Flávio o ampara para que não caia.

– Gui! Coragem.

– Flávio, essa não é minha mãe. Não é possível, veja como está sofrendo!

Guilherme se aproximou e acariciou seus cabelos brancos, o rosto de sua mãe estava marcado pela dor. Os dois fizeram-lhe carinho, mas não houve reação. Ela estava dopada. O médico se aproximou e disse:

– É melhor vocês irem para casa. Aqui não há mais nada a fazer.

– Mas, doutor? Eu queria ficar aqui.

– Sinto muito, mas você não pode permanecer aqui. Qualquer coisa eu mando lhe avisar.

– Vamos, meu querido, é melhor irmos descansar em casa. O doutor tem razão.

Guilherme olha para sua mãe pela última vez.

– Meu Deus! Pensei que nunca ia ver minha mãe assim, nessa situação.

Os dois saem, pegam um táxi e voltam para casa. Poucas horas depois, o telefone toca. Uma sensação estranha invade o coração dos dois. Na realidade, eles já esperavam.

Flávio atende o telefone e, calado, apenas ouve. Desliga-o e, olhando para Guilherme, abre os braços e o envolve num abraço. Vendo a situação do companheiro, toma todos os procedimentos para o velório. Guilherme avisa os parentes de longe. Algumas horas depois, os primeiros parentes e amigos começam a chegar para dar o adeus à amiga. Uma verdadeira mulher, batalhadora.

Dona Angelina chorou ao ver a amiga. Depois de algum tempo, fez-se o silêncio, e um padre entrou na sala onde estava sendo velado o corpo de Dona Marly. Aproximando-se do corpo, e tirando seus paramentos começou a encomendar o corpo, as pessoas se aproximaram e começaram a acompanhar a leitura.

Nesse instante, o espírito de dona Marly, que ainda permanecia ali, amparado por um espírito familiar, aproximou-se do filho. Ela ficou acariciando o rosto de Guilherme, enquanto ele olhava tristemente para a fisionomia da mãe e, em pensamento, dizia:

"– Mãezinha, perdoe-me por não ter sido o filho que a senhora gostaria de ter. Sei que no fundo, apesar de nunca ter me cobrado, a senhora queria a casa cheia de netos, mas, infelizmente, querida mãezinha, não pude lhe dar esse gosto."

O tio de Guilherme, o senhor Ismael, aproximou-se do sobrinho e, colocando a mão em seu ombro, lhe disse:

– Ainda é tempo de você fazer sua mãe feliz.

Guilherme não entendeu o que o tio dizia, mesmo porque os demais estavam acompanhando a leitura do padre.

– Não entendi – disse Guilherme, ao pé do ouvido do tio.

– Disse que você ainda pode fazer do sonho de sua mãe realidade.

– O que o senhor está falando, tio?

Ismael olhou para Flávio, que se encontrava do outro lado do corpo diante de Guilherme. Ele não acreditou no que Ismael estava dizendo, justamente naquela hora.

Flávio, diante da expressão de Ismael, entendeu o que estava havendo e, olhando para Guilherme, pediu calma.

O que ninguém esperava era que a filha de dona Angelina, a ex-noiva de Guilherme, viesse dar o último adeus à dona Marly. Leila entrou no velório acompanhada de seu esposo. Ela acompanhou os instantes finais da prece que o padre estava fazendo. Depois, as pessoas voltaram para seus lugares e ficaram próximos ao corpo somente Guilherme e Flávio. Eles estavam com as mãos sobre a mão de dona Marly que, amparada, encontrava-se ao lado do filho. Leila se aproximou e, quando Guilherme ergueu os olhos e a viu, ficou sem ação.

– Olá, Guilherme, eu não podia deixar de vir.

Emocionado, Guilherme deu a volta e foi ao encontro de Leila. Ela, carinhosamente, o abraçou. Antenor, o esposo, aproximou-se também e ficou observando. Guilherme, abraçado à ex-noiva, agora uma amiga, soluça sem parar.

– Acalme-se, meu querido. Isso faz parte da vida. Todos nós passamos por isso e não temos como fugir.

– Leila, como eu a fiz sofrer – dizia Guilherme, chorando.

– Guilherme, sua mãe tinha muito orgulho de você.

Leila sentiu a aproximação de dona Marly. Ela não conseguia vê-la, mas ouviu a sua voz e, em pensamento, Leila traduziu o que a mãe queria falar ao filho:

"– Você sabe qual é o valor do amor de mãe? Pois ele é incalculável. É uma dádiva de Deus. Você não me fez sofrer, pelo contrário, sempre me deu alegria. Na sua forma de ver a vida, me ensinou muitas coisas, meu filho."

Ao ouvir aquelas palavras, Guilherme sentiu que não era Leila quem estava falando. Era sua mãe, ela estava usando as mesmas palavras e, além do mais, ele sentia uma forte energia que o envolvia.

Guilherme, olhando nos olhos da amiga, observou que seu semblante havia mudado.

– Querido filho, sabe como é grande o meu Amor por você, e continuarei a pedir a Jesus que o te ilumine. Sua vida, filho, poderá ter muitas rosas, juntamente com Flávio, mas lembre-se de que as rosas também têm espinhos que às vezes ferem nosso coração e nossa alma. Por isso, tenha paciência e muita fé, não esmoreça jamais. Recorde tudo o que já passamos nessa vida e como tivemos momentos difíceis. Nunca lhe disse nada, filho, mas meu coração era acalentado pelo seu sorriso. Nos últimos anos, o sorriso estava sempre presente em seus olhos, em seus lábios. Sentia, filho querido, que a felicidade enfim estava dentro de você. Antes existia a dor, a mágoa e o ressentimento, agora existe a esperança. Parto feliz, filho meu! Por vê-lo entregue a uma pessoa que o ama muito. Quem fomos nós? Por que somos assim ou diferentes dos outros? Não sei lhe dar a resposta. Procure nos ensinamentos de Jesus Cristo uma reposta. Tenho a certeza de que você a encontrará e é por isso que lhe deixo na minha mala um livro. Procure lê-lo e terá as respostas para tudo.

Guilherme estava atônito com o que estava acontecendo.

Depois, Leila olhou para Flávio e lhe disse:

– Cuide de meu filho, Flávio.

Aquilo tudo passou despercebido para as pessoas que não prestavam atenção, mas, para Antenor, o esposo de Leila, não. Ele era um médium trabalhador de uma casa espírita. Via e ouvia tudo o que se passava.

Notando que dona Marly ainda estava ali, mesmo amparada pelo espírito familiar, começou a fazer uma prece, pedindo aos mentores que a ajudassem.

Logo que elevou o seu pensamento, amigos de luz se aproximaram do local. E enfermeiros do plano astral fizeram um socorro coletivo.

Ali havia muitos espíritos que ainda estavam perdidos, sem luz, querendo um esclarecimento.

O plano interagiu, e todos fizeram silêncio, os que estavam conversando assuntos que não tinham nada a ver calaram-se por um instante.

Dona Marly pôde, então, receber energias revigorantes. E, por fim, seus últimos laços foram cortados. E ela, já livre do velho corpo, pôde se despedir de todos os que ali estavam, agradecendo um a um pela presença.

Quando chegou próximo a Leila, disse:

– Filha querida, obrigada pelo seu amor, sua amizade. Levarei você dentro do meu coração.

Leila ficou feliz. Nesse instante, ela consegue ver dona Marly. Ao se aproximar do irmão, dona Marly o abraçou e lhe disse:

– Ismael, meu irmão, meu filho do coração. Não seja tão recalcitrante, deixe que o Amor brote dentro desse coração. Não seja tão duro com os seus e consigo mesmo. Lembre-se de tudo o que você já passou, meu irmão. Quantos caminhos você já percorreu, e ainda não encontrou o Cristo? Você está se esquecendo de buscá-Lo dentro de você mesmo. Lembre-se de que o nosso coração pode ser uma das muitas moradas do Cristo. E da porta nós temos a chave, não é o Cristo quem abre o nosso coração e sim nós, para que Ele faça morada.

Ismael, meio em pânico, pois tinha sua mediunidade, também estava ouvindo o que a irmã lhe dizia. Mas ele agora achava isso tudo coisa do demônio. Estava por demais nervoso e agitado. Ele se retira do local e fica esperando do lado de fora.

Já está quase na hora da despedida. Um a um se despede e, aos poucos, o caixão é levado para o local onde será sepultado, no Cemitério Chora Menino, zona Norte da Capital Paulista.

A tarde caía e o Sol se punha timidamente. Era um dia com nuvens, e fazia um pouco de frio. Guilherme se despediu dos amigos e, se aproximando de Leila e de seu esposo, chamou Flávio e o apresentou.

– Leila – disse ele. – Este é... Ele não consegue terminar a frase, sua voz fica embargada.

Leila entendeu o que ele quis dizer, e completou:

– É seu melhor amigo. Um irmão em Jesus que você reencontrou – completou ela, sorrindo.

– Sim, Leila, ele é um grande amigo que amo muito.

– Muito prazer, Leila! – disse ela, estendendo a mão. Flávio, emocionado e ao mesmo tempo, nervoso, não imaginava tal situação. Respondeu:

– Muito prazer! Flávio.

– Guilherme, meu querido, gostaria que você não se afastasse de nós Agora que sua mãe se foi, dificilmente você irá nos visitar. Mas deixo o nosso convite.

Os dois estavam sem palavras diante da atitude nobre de Leila e de seu esposo, que, sorrindo, continuou.

– Sabem, meus amigos – falou o esposo. – Gostaríamos que vocês nos visitassem. Nossa casa está aberta para recebê-los. Queremos mostrar o nosso humilde trabalho.

– Trabalho? – perguntou Guilherme.

– Sim, temos um grupo de crianças que foram abandonadas pelas mães quando nasceram, ou cujas mães morreram no parto e acabaram ficando sem lar. Temos, hoje, nove crianças de quem cuidamos. Mas claro que temos ajuda dos amigos, que frequentam o nosso centro.

– Que lindo trabalho! – falou Flávio, admirado.

– Pois é, Deus não me deu a oportunidade de receber os meus filhos, mas me deu a oportunidade de agasalhar em meus braços os filhos abandonados.

– Leila, que belo trabalho esse de vocês! Fico feliz pela realização!

– Verdade, meu querido Guilherme, hoje eu sou uma pessoa realizada.

A conversa é interrompida com a chegada de dona Angelina.

– Filha! Vamos logo, esse meu sapatinho está machucando minha joanete. – disse ela, tirando o sapato.

Eles acabam rindo da maneira como ela diz isso, pois se sentou sem cerimônia alguma em um túmulo próximo.

Depois de um tempo, eles se despedem e vão saindo. O genro dá o braço para dona Angelina, e a filha, o outro braço. Eles caminham em direção ao carro estacionado, enquanto Guilherme e Flávio caminham mais adiante, lentamente. Flávio abraçou o amigo, colocando a mão sobre seu ombro.

– Olha só que vergonha. Isso é o fim do mundo! – disse dona Angelina.

– Mamãe, por favor, não julgue ninguém.

– Filha, isso é uma vergonha, é um pecado. A Igreja condena.

– Mamãe, por favor, não faça comentário, sabe muito bem que eu admiro muito o Guilherme.

– É, você pode admirar, mas eu não colocava mesmo a mão no fogo por ele.

– Mamãe?????!!! – falou Leila.

O genro apenas sorri dos comentários da sogra.

– Não é para rir não, meus filhos. Ah, quer saber, ainda bem que você não casou com esse aí...

– Mamãe, por favor – falou Leila, abrindo a porta do carro para que sua mãe entrasse.

Não satisfeita com os comentários que fez, ainda olhou para trás antes de entrar no carro e disse:

– Sabe quando eu teria os netos maravilhosos que tenho hoje? Nunca. Minha amiga que me perdoe, mas isso seria um desgosto que sentiria para o resto de minha vida. Vai ver é por isso que a coitada morreu.

– Mamãe, por favor, entre no carro.

– É mesmo, filha, ela deve ter morrido de desgosto. Coitada, sempre trabalhou, deu duro na vida, e... Não merecia ter tido o filho que teve.

– Oh, Meus Deus! O que eu faço com minha mãe? – falou Leila, sorrindo para o esposo.

Ele, sorrindo, lhe diz:

– Calma, querida, cada um tem a mãe que merece.

– Olha, você ainda zomba de mim? – perguntou, sorrindo. – Pois lhe digo que cada um também tem a sogra que merece.

– Pois é isso mesmo o que eu falei, meus filhos, eu preferia a morte a ter um filho assim – disse a senhora, entrando no carro.

O carro deixou o local e os dois ainda vão ouvindo os comentários de dona Angelina por muito tempo ainda. Leila, à certa altura, ligou o rádio para ver se ela parava de falar, todavia, de nada adiontou.

Enquanto isso, na porta do cemitério, Ismael se aproximou de Guilherme e Flávio e disse:

– Meu sobrinho, será que posso passar a noite na sua casa?

Guilherme não disse nada, ficou sem ação, imaginando o que poderia acontecer. Diante do silêncio de Guilherme, Flávio respondeu:

– Claro que sim, senhor Ismael. Dê-me sua mala, coloco-a no carro para o senhor.

Eles entram no táxi do senhor Benê, que deixa o local.

Capítulo XXI

O Conflito

Guilherme fez o trajeto para casa calado. À medida que o carro passava pelas avenidas e ruas da cidade, ele recordava muitas passagens por eles vividas. Olhando para as calçadas, via pessoas pedindo esmolas nas esquinas, aproveitando o sinal vermelho, idosos com placas anunciando "Vende-se ouro", "Exames", etc. Jovens, em grupos, usando drogas, pessoas dormindo em caixas de papelão pelos cantos dos prédios.

– Meu Deus! Por que tanto sofrimento? Por que tanta diferença? Por que tanto preconceito?

Flávio respeitava o silêncio do companheiro, ficava apenas observando. Discretamente, ele tocava as mãos de Guilherme, como a lhe dizer: "Estou aqui, querido. Você não está sozinho nessa vida."

Em compensação, Ismael vinha conversando com o motorista do táxi, e reclamava de tudo, dos faróis que fechavam, do trânsito. O diálogo era monossilábico, pois Flávio respondia algumas perguntas. Ali, em poucos instantes de convivência com o tio de Guilherme, Flávio já sabia que teriam problemas.

Ao chegarem ao prédio onde residiam, já no elevador, Ismael começou a reclamar:

– Por que você não muda de bairro? Esse lugar é muito ruim, muito agitado.

– Tio, aqui nós estamos próximos do nosso emprego, e de tudo o que precisamos.

– Mas você não tem sossego, tem muito barulho.

– Verdade, tio, no início eu também achava isso, mas, depois, acabei me acostumando.

Assim que entraram no apartamento, Guilherme levou as coisas do tio para o quarto onde estava sua mãe.

– Não precisa, meu filho, eu durmo aqui na sala mesmo.

– Não, tio, aqui o senhor ficará melhor.

– Mas e vocês dois? Onde dormirão?

– Não se preocupe, senhor Ismael, estamos acostumados a dormir no sofá.

– Aqui no sofá?

– Sim, tio, é uma bicama – falou Guilherme, já irritado.

Flávio fez sinal para Guilherme se acalmar. Enquanto o tio tomava seu banho, os dois foram para a cozinha preparar algo para comerem. Triste, Guilherme começou a chorar. Flávio o abraçou, tentando consolá-lo.

Nesse instante, o tio apareceu na cozinha e os viu abraçados. Ele tossiu. Os dois, olhando para Ismael, separaram-se e Guilherme enxugou as lágrimas, dizendo:

– Tio, o senhor está com fome? Estou preparando um lanche. O senhor se importa ou quer que eu prepare uma sopa?

– Não, filho. Não se preocupe.

– Vou arrumar a mesa – falou Flávio.

Assim que Flávio saiu da cozinha, Ismael se aproximou do sobrinho e falou:

– Estranho esse seu amigo.

– Como? Não entendi, tio. O que o senhor quer dizer?

– Ele não tem namorada?

– Por que?

– Ah! É que eu vi, há várias fotos, ele sempre está abraçado com você. Não há foto dele com a namorada.

– O Flávio tem a vida dele, assim como eu tenho a minha, e ninguém tem nada a ver com isso.

– É, mas dá o que falar.

– O que o senhor quer dizer? Ou melhor, o que o senhor tem a ver com a vida dele?

– Nada, Guilherme, não precisa ficar nervoso, apenas fiz um comentário.

– Não estou nervoso, tio. Apenas acho que o senhor não tem nada a ver com isso.

Flávio ouvia a tudo em silêncio, a vontade que tinha era de entrar na conversa e dizer umas boas, mas não tinha direito de falar, já que o tio era do Guilherme. Terminando de arrumar a mesa, ele chamou os dois.

– Pronto, venham, já terminei de colocar a mesa. Posso levar esses lanches que já estão prontos?

– Claro, querido, pode levar, estou esquentando o leite, já levo.

Eles sentam-se à mesa, mas permanecem em silêncio. Guilherme está cansado e nervoso com o tio. Tinha vontade de mandá-lo embora. Não o fazia para não desrespeitá-lo. Mas respeito? Ele não sabia o que era isso. Se alguém estava desrespeitando alguém, era o seu tio. Depois de lancharem, Guilherme trocou os lençóis da cama para que seu tio pudesse se acomodar melhor. Ismael olhou para os lados, e viu muitas fotos dos dois, sempre sorrindo e abraçados.

– Filho, por que você não se casou?

– Não quis, tio. E o senhor, por que não se casou?

– Bem, não quis. Achei melhor ficar solteiro, além do mais, agora estou muito velho para arrumar uma companheira.

– Então, tio, o senhor já respondeu a sua pergunta. Eu também não quero mulher na minha vida.

– Mas um homem sim – afirmou Ismael.

– Tio! – disse Guilherme, perdendo a paciência. – Eu respeito muito o senhor, por tudo o que fez e pelo que representa para mim. Mas, por favor, não tente governar a minha vida.

– Mas você está no caminho errado – disse Ismael, pegando a Bíblia e batendo com a mão.

– Eu? E o senhor, está no caminho certo? Desde que lhe conheço, o senhor vive procurando, e pelo visto até agora não achou. O senhor é feliz, tio? O senhor foi feliz em algum momento de sua vida?

– Eu tenho Jesus Cristo no coração.

– Ah, tio. Por favor, não seja hipócrita, o senhor está blasfemando!

– Não estou blasfemando, está aqui no Evangelho.

– Evangelho, tio? E o senhor por acaso achou aí no Evangelho o que procurava? Acho que não, pois o senhor não é capaz de colocar na prática o que lê aí.

– Você não sabe o que está dizendo, Guilherme.

– Tio, eu conheço muito da sua vida. Lembro-me de quando era jovem, estudou no seminário, queria ser padre. Lembra-se? Por que o senhor não seguiu a vida do seminário?

Ao ouvir aquelas palavras, Ismael ficou vermelho. Não tinha palavras para responder.

– Não, tio! O senhor não precisa me dizer agora. Mas o que o senhor me diz da amizade com o padre Armando? Muitos parentes achavam estranho o senhor ganhar tantos presentes, viajar para todo lado na companhia dele e não gastar nada. E quando ele ficou doente e teve que sair da cidade? Lembra-se? O senhor chegou até a ficar doente.

Diante das palavras do sobrinho, Ismael permaneceu em silêncio. Quando ia responder, Guilherme não o deixou argumentar. E vinha com mais revelações sobre a vida de seu tio.

Capítulo XXII

Quem é Esse?

Flávio ouviu toda a conversa, já que conversavam alto. Por vezes, pensou em entrar no quarto, mas pensou melhor e ficou esperando sentado no sofá da sala.

– Meu Deus! – pensou ele. – Guilherme está nervoso.

Praticamente, apenas Guilherme falava, ele desabafava coisas que tinha guardado há anos dentro do peito. As mágoas antigas, ele as colocava para fora. Ismael tentou sair do quarto, mas foi seguro pelo braço por Guilherme.

– Tio, sente-se aqui, por favor.

– Não, acho que não temos mais nada o que falar. Vou embora.

– Não, o senhor não vai embora não! Senta aqui. Agora vou terminar de falar.

– Não! – disse Ismael.

Guilherme puxou-o e o fez sentar à força. Cabisbaixo, ele permaneceu por um tempo. Guilherme estava rubro de ódio.

– Desde que o conheço, meu tio, o senhor sempre gostou de se colocar em uma posição de superioridade. Somente o senhor está com a razão. A verdade é exclusivamente sua. Você é o melhor.

Ismael encarou o sobrinho nos olhos. Ele não o estava reconhecendo. Onde estava aquele menino meigo? Aquele homem educado, que sempre fazia questão de ajudar os outros e que nunca levantava a voz para ninguém? Ele estava irreconhecível. Se contasse, ninguém acreditaria.

– Pois bem, tio. – desabafava Guilherme, puxando uma cadeira e sentando-se diante do tio. – O senhor é uma pessoa imaculada. Cheia de pudores. Não faz nada errado. Certo?

– Por que falar assim comigo, meu filho? – perguntou o tio.

– Filho? Por favor, não seja tão hipócrita assim. Acaso o senhor não se recorda, quando eu ainda era criança, que foi você quem primeiro começou a me ensinar coisas?

Ao ouvir aquelas palavras, Flávio ficou perplexo. Guilherme nunca lhe havia falado sobre aquilo. Flávio lembrou-se de toda sua infância, e dos abusos que sofrera quando criança. Ele permaneceu no sofá, ouvindo o monólogo, já que o tio não respondia.

– Pois é, meu tio, eu guardei isso tudo, calado. Não queria dizer para minha mãe as coisas que o senhor fazia e me obrigava a fazer. O senhor sabe quantas lágrimas derramei? Quantas noites eu fiquei acordado com medo de dormir e o senhor vir deitar-se na minha cama? Não! O senhor não sabe. Pouco importava o que eu sentia. Não é mesmo? Eu era apenas um brinquedo para o senhor.

– Fale baixo, por favor, você está se alterando.

– O senhor está com medo ou vergonha? Medo, né? Porque vergonha o senhor nunca teve. Apresentava-me aos seus amigos como sendo o seu sobrinho querido. Obrigava-me a sentar no seu colo diante dos seus amigos, lembra-se?

– Você está nervoso, Guilherme. Acalme-se.

– Não, ti..ti..o... Vou dizer tudo o que sempre quis. Agora que minha mãe não pode mesmo escutar, não vou magoá-la mostrando o crápula que voce é, já que sempre foi o irmãozinho querido dela. Que decepção!

Guilherme parou um pouco de falar. Pegou uma foto em que estavam ele e Flávio. E, depois de algum tempo, olhando para o tio, disse:

– O senhor está nos condenando, pela nossa união?

– Isso é uma vergonha. A palavra de Deus condena isso – respondeu o tio.

– Mas ainda continua a ser mascarado! Não vê que sua máscara já caiu? E o que o senhor fez comigo? Tem consciência disso?

Guilherme, muito alterado, sentia um calor invadir seu corpo. Um sentimento de ódio o consumia. Queimava-o. Ele andava de um lado para o outro no quarto, enquanto Ismael continuava sentado, cabisbaixo. Guilherme por vezes se aproximava do tio e erguia a sua cabeça. Olhava em seus olhos. E tornava a questioná-lo:

– Acha normal? O senhor pode? O senhor é homem sério, ninguém jamais irá acreditar no que digo, não é mesmo?

– Fale baixo, meu filho! – pedia ele.

– Filho? O senhor tem coragem de me chamar de filho? O senhor nunca me amou! – gritou ele, apontando o dedo para o rosto de Ismael. – Pois olha tio! Existe uma coisa maior que o senhor nunca sentiu, e que nunca vai saber como é. O Amor que há entre mim e o Flávio, o meu companheiro, é verdadeiro. A gente se respeita e se gosta.

Nesse instante, Guilherme deixou que lágrimas rolassem de seus olhos:

– Ao passo que o que eu sinto por você é asco. Nojo! Entendeu?

– Mas eu sou seu tio. Sou da família. Ele não é nada seu!

– Não! – gritou ele. – Eu não acredito no que acabo de ouvir. Só não o coloco para fora de minha casa porque agora é tarde e o senhor não irá conseguir condução para ir a lugar nenhum. Mas vontade não me falta.

– Por favor, meu filho, nós acabamos de enterrar sua mãe. Não destrua a nossa família.

Guilherme respirou fundo ao ouvir aquelas palavras e disse:

– Por favor? Peço eu! Não coloque o nome de minha mãe nessa conversa.

Depois de um tempo, ele continuou:

– Então, por ser meu tio, o senhor pode fazer o que deseja. É isso? Se eu escutei bem, o senhor pode?

– É isso mesmo! – respondeu ele. – Por que você o escolheu? Nós somos parentes, ninguém vai suspeitar.

– Não acredito! Seu, seu canalha! – Guilherme não aguentou e partiu para cima do tio.

Ao ouvir o barulho, Flávio entrou no quarto e separou os dois. Guilherme agrediu seu tio com socos, e este não se defendeu. Com a boca sangrando, permaneceu caído. Guilherme levantou-se e disse a Flávio:

– Tire esse cara daqui – disse ele, indo para o banheiro.

Depois de algum tempo, Ismael, olhando para Flávio, lhe falou:

– Não sei por que ele ficou tão nervoso, acho que está sentindo a falta da mãe.

Flávio não acreditou no que acabara de ouvir. Mesmo assim, Ismael passou a noite ali, trancado no quarto. Os dois companheiros passaram a noite em claro, pensando no ocorrido. Flávio tinha vontade de perguntar, mas aquela ainda não era a hora de fazer qualquer questionamento, e sim de calar e amparar, dar-lhe o ombro amigo. Guilherme chorava. Suas lágrimas eram de dor pela saudade de sua mãe e de ódio pela hipocrisia dos sentimentos baixos que seu tio acabara de confessar que nutria por ele.

– Por que recebemos alguém assim em nossa vida? – perguntava ele.

Flávio não sabia o que dizer, apenas acariciava o companheiro. Vendo que ele não conseguia dormir, preparou um chá e deu-lhe um comprimido relaxante.

– Tome esse comprimido, querido. Esse chá também deixará você mais calmo. Precisa descansar.

Guilherme tomou o chá e, depois, beijando as mãos de Flávio, disse:

– Não sei o que seria de mim se não tivesse encontrado você.

– Agradeço a Deus, querido, por ter encontrado você. Ou, como dizia minha tia, reencontrado. Não sei ao certo, mas acho que ela estava com a razão.

– Pode ser, querido, que realmente nós estejamos vivendo um reencontro. O certo é que o amo muito – falou Guilherme, voltando a colocar a cabeça no travesseiro.

Ele teve alguns momentos de sonhos perturbados. Flávio, ao seu lado, não conseguiu pregar os olhos. Com qualquer movimento, ele acordava.

Ele se lembrou de suas mães, e pediu a elas que os protegessem. Depois de alguns minutos, ele conseguiu também pegar no sono, amparado pelas irmãs que foram as suas mães, que os envolviam carinhosamente em energias vindas de suas preces ao lado dos filhos do coração.

Capítulo XXIII

A Surpresa

Amanheceu e Flávio viu que o companheiro continuava a dormir, mas escutou som vindo do banheiro. Era Ismael, que também não havia conseguido dormir e estava no banho. Flávio levantou-se e foi preparar o café, quando Ismael entrou:

– Bom-dia.

– Bom-dia, senhor Ismael. Estou terminando o café. O senhor quer pão fresco? Vou até a padaria comprar. É rápido.

– Não precisa. Não me importo de comer um pãozinho amanhecido.

Flávio terminou de colocar a mesa.

– Venha tomar seu café. Eu vou tomar um banho. Fique à vontade – falou Flávio, saindo.

Ismael sentou-se à mesa e iniciou o seu café. Flávio foi até o banheiro e viu sobre a pia, uma maletinha aberta, a qual ele não pôde deixar de olhar. Mas, ali dentro, além de coisas pessoais, tinha muitos remédios. Ele deu uma olhada e ficou surpreso com o que viu.

Quando voltou para a cozinha, viu que Ismael estava abrindo um vidro de remédio. Havia outros sobre a mesa. Com a sua chegada, Ismael ficou um pouco nervoso.

– Os meus remédios! Isso me deixa um pouco nervoso, cada vez que tenho que tomar.

– Tudo bem, fique tranquilo, precisa de ajuda? – falou Flávio, sentando-se do outro lado da mesa.

– Não, já estou terminando.

Flávio notou Ismael muito abatido. Suas mãos, trêmulas. Permaneceu calado enquanto ele terminava de tomar os remédios. Depois, olhando para Flávio, lhe disse:

– Você sabe para que são esses remédios?

– Sim, senhor Ismael, sei.

– Quero lhe pedir uma coisa, não comente nada com ninguém sobre isso.

– Por que o senhor mantém isso em segredo?

– Sim, mantenho em segredo. E levarei comigo para o túmulo. Ninguém precisará saber.

– Eu ouvi toda a conversa que vocês tiveram ontem à noite.

– Pois é, meu sobrinho tem razão. Eu errei muito. Quis buscar a verdade, e fazer a minha verdade prevalecer. Na realidade, tive problemas que me queimavam a alma. Não consegui livrar-me deles. Tentei buscar nas religiões algo que me freasse. Mas foi tudo em vão, pois por mais que eu buscasse, mais apareciam as oportunidades de permanecer em pecado.

– Pecado? O senhor acha que pecou?

– Sim, Flávio. Eu estou certo de que pequei.

Ao dizer essas palavras, Ismael ficou com a voz embargada. E não conseguiu conter o choro, ficando com os olhos marejados de lágrimas. Flávio, olhando um homem que sofria, permaneceu calado, apenas ouvindo.

– Vejo que entre vocês existe Amor realmente.

– Sim, nós nos amamos. Não é só uma atração.

– Comigo não aconteceu isso quando entrei para o seminário. Queria mesmo seguir a carreira. Era o sonho de minha mãe que eu me tornasse um padre. Quando criança, eu fui coroinha, fazia aquilo com Amor. Só que conheci Armando, um jovem que tinha se ordenado padre havia pouco tempo. Houve uma aproximação entre nós. Ele era da mesma cidade, tínhamos os mesmos pensamentos. No princípio, encontrávamo-nos nas tarefas matinais. Nos grupos de estudos, ele sempre estava ali para ajudar o meu grupo. Com o passar do tempo, ele se aproximou mais de mim. Houve uma amizade verdadeira.

Eu sentia falta dele quando não aparecia para me ajudar. Tinha-o como um irmão mesmo. De uma família de nove filhos, eu era o único solteiro entre as mulheres. Tinha um irmão bem mais velho que já era casado, então encontrei na figura de Armando um irmão que não tive.

Até que um dia, eu caminhava pelo jardim do mosteiro e olhei em direção aos aposentos dele. A janela estava entreaberta, a cortina esvoaçava, notei um semblante de um homem, que se mostrava sem camisa. A transparência da cortina demonstrava o belo físico que ele tinha, parei e fiquei olhando.

Pude notar que ele também me olhava, eu me encontrava sozinho no jardim. Fiquei magnetizado. Ele, vendo que era observado por mim, puxou a cortina e se deixou mostrar. Confesso a você, Flávio, que senti um calor me invadindo quando vi que era realmente ele. Com sua beleza, ele se insinuava para mim.

Armando sorria e, gesticulando com a mão, me convidou para que subisse até seus aposentos.

O meu coração batia descompassado. Lembro-me muito bem de que, ao subir as escadas, parecia que me faltavam ar e força. Eu tremia, mas seguia para seus aposentos. Ouvia o cântico que vinha da capela. Os corredores completamente vazios, apenas o eco dos cânticos.

Quando me aproximei da porta de seus aposentos, notei-a aberta. Empurrei um pouco e ela se abriu. Olhei e não vi ninguém, mas, mesmo assim, entrei. A porta se fechou, senti mãos me tocando e fui puxado. Meu corpo sentiu um frenesi, quase perdi as forças.

Armando me abraçou, prendeu-me fortemente, e me disse palavras ao ouvido. Não tive forças para lutar. Na realidade, acho que sempre quis que aquilo acontecesse. Sentia uma emoção quando ele se aproximava de mim, sabia que não era normal. Mas me continha.

Depois daquele dia, passamos a nos encontrar quase todos os dias, ou nas noites, depois que todos se recolhiam.

Às vezes, quando era permitido que visitássemos a família, ele fazia questão de ir comigo até minha casa. Meus familiares eram católicos e aceitaram aquela amizade. Gostaram de imediato dele, e elogiavam a amizade que havia entre nós. Todos o tratavam com respeito, ao mesmo tempo em que ele era incorporado à família.

Vivíamos um grande Amor. Pelo menos era o que eu pensava. Estava completamente apaixonado por ele. Durante os anos que ali permaneci, vivemos uma relação amigável. Mas pude perceber que ele estava se modificando com relação a mim. Já não queria nossos encontros com tanta frequência.

Aos poucos, notei que se aproximava de outros grupos de novatos, mas, como ele lecionava Teologia para nós, achei aquilo normal. Até que comecei a duvidar. Via que se aproximava de dois rapazes, eles eram primos e bonitos, e Armando os acompanhava sempre.

O meu coração começou a sofrer. Comecei a sentir ciúmes. Eu estava sendo passado para trás. Certa noite, eu não conseguia dormir. Levantei e fui até a capela, ali me ajoelhei diante da figura do Cristo e chorei. Pedi ajuda. Permaneci ali algum tempo até me acalmar.

Resolvi voltar para os meus aposentos quando, saindo no corredor, percebi um vulto. Era noite e apenas algumas velas acesas iluminavam as imagens no extenso corredor. Reconheci-o, e resolvi segui-lo. Apressei o passo e, ao me aproximar de um salão onde havia algumas imagens grandes, me escondi atrás de uma delas e fiquei a espreitar.

Meu coração gelou, ao mesmo tempo em que senti como se uma adaga me penetrasse, ferindo-me mortalmente. Meus olhos não queriam acreditar no que viam. Muito próximo dali, vi Armando abraçado com um dos jovens.

Naquele momento, eu queria morrer. A vida parecia não ter significado para mim. O chão parecia me faltar sob os pés. Agachei, abraçando-me à imagem de São Pedro, que era quase da minha altura. Permaneci chorando, enquanto ouvia dele juras de amor. Assim como eu, o jovem se entregava aos seus encantos.

A partir daquele dia, comecei a sofrer a dor do Amor. Tinha meu coração despedaçado. Todas as vezes que o via, procurava desviar os olhos, para não que ele me visse com lágrimas. Passaram-se algumas semanas e ele me procurou.

– O que está havendo, Ismael? – perguntou ele, abraçando-me.

Permaneci, a princípio, imóvel, somente ele me abraçava, mas um choro brotou de dentro do meu peito

Ele, vendo a minha fraqueza, começou a envolver-me com suas carícias. Eu não consegui resistir e me entreguei novamente aos seus encantos. Não disse nada do que tinha visto na madrugada dias atrás. Apenas chorei.

Assim eu ia levando a minha vida, sofrendo por um amor impossível, ao mesmo tempo em que ele se envolvia com outros. Pude perceber que ele não era o único. Outros membros, às escondidas, na calada da noite, também se relacionavam com os novatos.

O fim do ano chegou, e eu havia decidido que iria passar as férias em casa e não mais voltaria. Mas Armando fez questão de ir comigo. Era comum passar dias em nossa casa, já que seus parentes moravam em um sítio distante de São José dos Campos.

Capítulo XXIV

Pintura em Preto e Branco

Diante do relato de Ismael, que abria o seu coração, Flávio pôde ver o sofrimento que trazia no peito, por um amor não correspondido e que ainda era grande.

– Você ainda o ama?

– Sim, ainda o amo, mas hoje nos vemos com mais raridade. Encontramo-nos há pouco tempo, ele está muito mal também.

– Posso lhe fazer uma pergunta?

– Claro que sim. Não tenho mais nada a esconder diante do que ouvi ontem de Guilherme.

– Foi infectado por ele?

Ismael colocou as mãos no rosto, escondendo-o. Suspirou profundamente, recobrando as energias. Depois de longo silêncio, olhando nos olhos de Flávio, disse:

– Sim, mantínhamos uma relação aberta, e não tomamos precaução.

– Mesmo sabendo que ele o traía com outros homens?

–Sim, mesmo assim, como lhe disse, ele me envolvia quando se aproximava de mim. As forças desapareciam, era como se eu fosse outra pessoa, e via nele somente uma pessoa a quem eu amava muito. Estava completamente apaixonado e, se fosse necessário, daria minha vida por ele.

– E onde ele está agora?

– Pelas últimas notícias que tive, ele está em casa de parentes no sul de Minas Gerais. Foi afastado do sacerdócio para cuidar da saúde.

– Mas os superiores dele sabiam dos acontecimentos?

– Sim, sabiam, mas isso praticamente era comum acontecer. Claro que ninguém comentava. Mas eles não podiam dizer que ignoravam o assunto.

– Quando você ficou sabendo?

– Eu estava na casa de meus familiares, em São José quando minha irmã me chamou, dizendo que era para entrar em contato com ele.

– É urgente, esse é o número de telefone – disse-me ela.

– Confesso que fiquei ansioso por saber o que acontecia, geralmente quando ele me ligava era para esperá-lo, pois viria me visitar. Era a primeira vez que me ligava pedindo para retornar urgentemente. Fazia meses que não nos víamos, embora estivesse sofrendo com a nossa separação, pois havia sido uma decisão minha, eu estava ansioso e com saudades.

Então, naquela tarde, peguei meu carro e dirigi-me ao sítio dos seus familiares. Foram umas duas horas de viagem, acho que foram as mais longas da minha vida. Na minha mente, havia muitas dúvidas. Perguntas para as quais meu coração desejava saber as respostas.

Por que ele estava me ligando? Será que voltaria para mim? Não via a hora de chegar. Quando cheguei ao sítio, de longe, avistei a casa. À medida que me aproximei com o carro, vi que ele me esperava sentado na varanda.

O meu coração disparou, como era normal todas as vezes que eu me aproximava dele. Sentia uma emoção muito grande, mas, logo que me aproximei, não pude crer no que meus olhos viam.

Aquele homem que conhecera e que tinha um belo corpo, que me encantou quando jovem, tinha se transformado em um homem sofrido. O brilho dos seus olhos praticamente desaparecera. Encontrava-se abatido, muito magro, com a barba por fazer.

Não pude deixar de me emocionar. Abracei-o fortemente e chorei de emoção e de dor. Nunca na minha vida poderia imaginar que um dia o veria daquele jeito, mais parecendo um trapo humano. Ele nada falou, apenas suspirou. Depois, pediu para que eu me sentasse ao seu lado. Puxei um banco e, enquanto acariciava suas mãos magras, ele dizia:

– Estou muito mal, Ismael. Não tenho muito tempo de vida.

– Não diga isso, por favor.

– Ismael, não posso me esconder diante de um quadro do qual sou o autor. Um quadro que foi pintado com cores variadas e, com o tempo, acabou se transformando em uma simples representação de minha vida em preto e branco.

– Armando, por favor, não fale assim, nossa vida ainda pode mudar, deixe-me cuidar de você.

– Não, meu querido! Não seria justo.

– Por que não? Eu o amo, sempre lhe amei. Por que não cuidaria de você? Olhe, eu me mudo para cá e cuido de você até se restabelecer.

– Meu querido, você não entende.

– Não! Armando, você que não entendeu. Disse que ficarei aqui do seu lado. Pelo nosso Amor. Eu quero ajudá-lo – disse, chorando.

– Ismael, eu estou muito doente, meu quadro é irreversível.

– Confesso, Flávio, que levei um susto quando ele me falou aquelas palavras. Acho que, no fundo, eu não queria acreditar, embora meu coração já me alertasse. Até aquele momento eu pensava que Armando estivesse com uma doença cancerígena. Mas, com a sequência do seu relato, fiquei sabendo a dura realidade.

– Há quanto tempo você está doente, Armando? – quis saber.

– Lembra-se dos dois jovens? – perguntou-me ele.

– Recordei as imagens que ainda estavam em minha mente e que, naquele instante, se fizeram reprisar.

– Meu Deus! – disse, chorando.

– Perdoe-me, querido! – ele implorava.

– Você sabe do meu sentimento por você. Sabe do Amor que sinto. Sabe que meu coração lhe pertence.

– Não tenho palavras para lhe dizer – falou ele, baixinho.

– Você não sabe o que falar? E eu não sei o que pensar, Armando! Eu estou sem chão. Minha vida parece ter chegado ao fim. O que você fez do meu Amor?

– Perdoe-me, querido, pelo amor de Deus! – dizia ele, chorando. – Perdoe-me, eu não soube valorizar o seu amor, a sua dedicação.

– Naquele instante, Flávio, eu olhei bem dentro dos olhos dele, procurei o brilho de outrora e não encontrei. O homem por quem eu tinha me apaixonado não existia mais. Eu caminhei por tantos caminhos procurando algo que me desse a razão de viver. Respostas para os sentimentos que desabrochavam dentro de mim. Eu tinha encontrado em Armando todas as respostas aos meus sentimentos mais secretos. Agora, o mundo em que eu vivia, e pensava ainda poder desfrutar, porque na realidade tinha esperança de voltar a ter com ele uma vida em comum, estava desabando.

Senti-me o último dos homens. Faltavam-me as forças, à medida que ele relatava todos os acontecimentos.

Flávio não sabia o que falar diante de tanto sofrimento guardado naquele peito. Na noite anterior, ele tinha sentido desprezo pela forma de pensar de Ismael durante a discussão que este tivera com Guilherme. Mas, ali, vendo o sofrimento pelo qual ele passava em segredo, chegou a ter pena.

Antes de terminarem a conversa, Flávio questionou Ismael:

– Posso lhe fazer mais uma pergunta? Não vai ficar chateado comigo?

– Não tenho nada a esconder, Flávio, abri o livro da minha vida, pode perguntar sem receio.

– Qual é o sentimento que o senhor tem por Guilherme?

– Ele é meu sobrinho querido, eu o amo muito.

– O senhor não entendeu. Eu perguntei como homem.

Ismael ficou surpreso com a pergunta e permaneceu calado por alguns instantes.

– Eu ouvi a conversa de vocês ontem, e escutei bem como o senhor agia quando ele era criança.

Percebendo que nada adiantaria esconder, Ismael revelou os verdadeiros sentimentos com relação ao seu sobrinho:

– Na verdade, eu sempre gostei dele sim, desde criança. Ele sempre foi um menino bonito. Confesso que tinha desejo por ele. À medida que ele foi crescendo, isso aumentou, e quando estava perto dos meus amigos, eu fazia questão de exibi-lo como sendo meu sobrinho. Via com desejo que ele ficava triste e envergonhado com o que eu fazia e dizia. Mas eu me sentia bem.

– Está vendo por que disse a você que eu pequei? – continuou Ismael. – Por que minha vida se transformou em um retrato preto e branco? Do Amor que me envolvia, Amor esse de minha irmã Marly e do pequeno Guilherme, que era puro, como o branco da paz, transformei em um Amor cheio de desejo, escuro, negro como a noite.

– Mas, pelo que ouvi do senhor, antes de entrar para o seminário, o senhor já estava envolvido nesse caminho? – perguntou Flávio. – O senhor já havia tido algum relacionamento anterior?

– Sim, na verdade, sim. Eu já tinha tido alguns relacionamentos com homens mais maduros, assim como com algumas mulheres também. Mas todos eles foram somente um desejo carnal – respondeu ele, ficando calado depois por alguns instantes.

– Mas com meu sobrinho era uma força maior, um desejo de tê-lo – continuou ele.

– O senhor chegou a...?

– Não, com ele não. Eu o amava demais, e a minha irmã também. Não queria, de maneira alguma, magoá-la.

– Quando o senhor foi realmente se entregar a um homem, digo, o senhor chegou a amar alguém e ser amado?

– Isso só foi acontecer quando conheci Armando, como lhe falei. Ali desabrochou um Amor que estava em meu peito escondido, ou melhor, sufocado.

– Não sei o que dizer diante de tudo o que escutei do senhor.

– Não diga nada, Flávio. Apenas guarde para você e, um dia, se você achar que deve contar ao Guilherme, conte, mas não mude nada. Conte-lhe tudo – dizendo, isso levantou-se.

– Tenho que ir. Quero pegar um ônibus logo cedo de volta para casa.

– Fique tranquilo, guardarei segredo.

– Pensando bem, não guarde segredo... Mas não fale agora, ele está muito revoltado comigo. Ele jamais me entenderia.

Na despedida, Ismael se aproximou de Flávio e perguntou:

– Posso lhe dar um abraço?

– Sim, pode – Flávio respondeu, abrindo os braços.

Ismael o abraçou demoradamente e falou:

– Seja muito feliz. Faça meu Guilherme feliz. Jamais o abandone. Esteja certo de que eu o amo verdadeiramente. Sofro por tê-lo feito sofrer. Hoje mais ainda, pois o coloquei em situações constrangedoras.

– Eu farei seu sobrinho muito feliz. Eu o amo de verdade.

Ismael deixou o apartamento em direção à rodoviária. Flávio deitou-se no sofá, pensando em tudo o que acabara de ouvir.

"Retrato em preto e branco, será que estou pintando a minha vida assim?", pensava ele.

"Não, minha tela será colorida, cheia de cores vivas, representando o amor, a vida." Nesse instante, ele relembrou os seus momentos de infância, o ódio que sentia por seu pai de criação.

Por um momento, chegou a pensar: *"Onde estaria Custódio? Teria ele já morrido?"*

– Ah! – disse ele erguendo os ombros. – De que me importa se ele está ou não vivo. Não significa nada para mim mesmo!

Flávio foi envolvido e acabou adormecendo. Rapidamente, ele se desligou do corpo e, ao seu lado, encontrou seu pai Raul. Feliz, ele se aproximou e o abraçou.

– Pai, quanta saudade eu sinto do senhor!

– Eu também, meu filho querido, sinto muitas saudades de você! – disse Raul, beijando o filho.

Raul conversou muito com Flávio, deu-lhe alguns conselhos, só que, ao acordar, ele pouco se lembraria, apenas que estivera com Raul. Isso o deixaria feliz. Mas, no momento certo, recordaria os conselhos do pai.

A vida seguia seu rumo, Flávio trabalhando no banco e, às noites, nos fins de semana, representava seus personagens, seus ídolos. A cada apresentação, ele sentia uma emoção mais forte ainda. Uma energia que o envolvia e mais perfeita era sua transformação, sua interpretação. Um dos momentos mais aplaudidos era quando ele dublava a música "Atrás da porta", de autoria de Chico Buarque, na voz de Elis Regina.

Flávio se realizava na sua interpretação. Era uma homenagem que ele prestava a sua musa. Guilherme sempre se emocionava com a apresentação do companheiro. Todos temos a nossa travessia a realizar. Podemos caminhar cantando, mesmo sendo os caminhos repletos de pedras, pois se tivermos fé, ela secará nossas lágrimas e fará com que as pedras se transformem em flores. Os sonhos serão realidade à medida que o Amor que existe em nós for externado nas nossas realizações.

Vamos construir nossos castelos em bases sólidas como as pedras do nosso caminho. Como fez Jesus, construindo sua Igreja na figura forte do apóstolo Pedro. Pintaremos com muitas cores, teremos um jardim repleto de flores diversas, quando aceitarmos as nossas dores como sendo o único instrumento capaz de purificar um espírito imperfeito e cheio de máculas.

Capítulo XXV

A Partida de Ismael

Os meses iam passando. O trabalho no banco estava conturbado, havia boatos de greve e isso deixava os funcionários preocupados. Certa noite, Flávio, ao chegar a sua casa, comentou com Guilherme:

– Você recebeu o comunicado do sindicato?

– Sim, eu li, mas não dei importância.

– Acha que isso não vai causar dispensas de funcionários?

– Pode ser que sim, mas, na hora H, eles acabam fazendo um acordo.

– Tomara mesmo que isso não venha a nos trazer surpresas.

Eles estavam prontos para se recolherem quando o telefone tocou.

– Deixe que eu atendo – falou Flávio.

– Quem será numa hora dessas? – perguntou Guilherme.

Flávio, ao atender o telefone, falou:

– Não. Aqui é o Flávio. Sim, ele está quem deseja falar com ele?

Depois de algum tempo, após a pessoa se identificar, ele disse:

– Como vai? Tudo bem?

Foram apenas essas palavras que Flávio disse e, depois de algum tempo, desligando o telefone, falou:

– Não sei como lhe falar.

– Quem era? – perguntou Guilherme.

– A sua amiga Leila – disse Flávio, referindo-se à ex-noiva de Guilherme.

– Nossa! Leila me ligando a essa hora! Aconteceu alguma coisa?

– Sim, ela ligou para falar do seu tio Ismael.

– E o que ele aprontou agora?

– Ele não aprontou, meu querido, Ismael, o seu tio, faleceu.

Guilherme não entendeu de imediato, mas passados alguns segundos, ele caiu na realidade.

– Como? O meu tio morreu?

– Sim, ele faleceu hoje à tarde.

Chocado, Guilherme sentou-se no sofá e começou a chorar. Soluçava muito, sentia uma forte dor no peito. Flávio se aproximou do companheiro e o abraçou.

– Chore, meu querido! Isso faz bem ao seu coração.

– Ele faleceu? Mas o que houve? Estava doente?

– Sim, ele estava.

Flávio começou a relatar o problema pelo qual passava Ismael. Conforme havia pedido, Flávio contou tudo, não se esquecendo de nada. Guilherme, surpreso com o relato, disse, depois de tudo ouvir:

– Então, pelo que você me contou, ele...

– Sim, seu tio também sofria e muito as dores de um sentimento preso no peito.

– Mas como ele pôde julgar-me, sendo ele quem foi? – disse Guilherme irritado com aquilo.

– Calma, meu querido, entenda seu tio.

– Entender? Flávio, você não viu o que aconteceu aqui? Você estava aqui na sala, deve ter ouvido toda a nossa discussão.

– Sim, eu ouvi tudo. Por isso, não lhe falei nada. Preferia que você tocasse no assunto, mas como você permaneceu calado, resolvi não trazer o assunto à tona.

– Há quanto tempo você sabe de tudo isso?

– Desde a manhã seguinte ao enterro de sua mãe. Acordei cedo e ele já estava em pé. Conversamos muito. Você dormia, lembra-se? Tanto é que você nem o viu sair.

– Pois eu não irei me despedir dele – falou Guilherme, irritado.

– Ele era seu tio. Veja, nessas horas, não devemos guardar mágoa em nossos corações.

– Não posso apagar a mágoa assim.

– Mas... – ponderou Flávio.

– Querido! – disse Guilherme. – Coloque-se no meu lugar, se fosse o seu pai, o senhor Custódio, você iria, depois de ele ter feito você sofrer tanto?

Flávio ficou calado. Afinal, não tinha muita coisa a falar, ambos tinham passado por sofrimentos na infância que ficaram gravados na memória e, principalmente, no coração.

Passados alguns instantes, Flávio se aproximou do companheiro, que olhava pela janela. Era raro, mas ele conseguia ver algumas estrelas no céu da capital paulista.

– Veja, Flávio, é difícil a gente ver estrelas.

Flávio, olhando para o céu, completou:

– Nossa! Coisa rara mesmo. Sabe que nunca me liguei a isso? Na realidade, nunca procurei pelas estrelas. Mas elas estão lá.

– Em qual estrela estará minha mãe? – perguntou Flávio.

– E a minha, será que está junto a sua?

Flávio, sorrindo, abraçou Guilherme que colocou a cabeça no ombro do amigo e permaneceu quieto. Amanheceu e Guilherme decidiu não ir ao velório do tio.

Enquanto isso, do outro lado do plano terreno, logo que se desligou do corpo, desorientado, Ismael começou a percorrer as ruas da cidade. Perdido, esbarrava em andarilhos, que tentavam prendê-lo.

Ele passou por muitas situações e perseguições. Em uma delas, encontrou alguns dos amigos desta vida, que também estavam desencarnados.

Ismael estava caído na rua, completamente molhado, pois a chuva que caiu à noite deixou várias poças de água. Ele, desorientado e sem forças, para não ser atropelado pelos carros que passavam em alta velocidade, se arrastou até a calçada. Ali permaneceu deitado. Sua cabeça estava confusa. Não conseguia saber ao certo o que havia acontecido. Seu passado passava em sua mente, reviveu cenas que o deixaram perdido e com uma angústia no coração.

Ismael foi transportado para suas memórias. Passou a viver como num passe de mágica nas ruas de São Paulo. Não tinha ideia de como isso lhe ocorrera. Em sua mente, um emaranhado de pensamentos e lembranças se misturavam.

Sua fraqueza era muito grande e acabou por adormecer na calçada, enquanto muitos pedestres começaram a passar por ele, vindos de boates que existiam próximo dali. Ele ouviu gritos ao longe, risos de pessoas. Em certo momento, despertando do torpor que o invadiu, conseguiu levantar o rosto da calçada fria e, olhando na direção das vozes, viu uma pessoa se aproximando. Não conseguiu distinguir ao certo quem era. O vulto se aproximou e, parando diante dele, falou:

– Ismael? O que faz aqui?

– Ele reconheceu aquela voz. Era de Armando. Um sentimento de felicidade o invadiu. Ele, então, conseguiu levantar a cabeça e olhar para Armando, que, sorrindo, lhe estendia a mão.

– Armando, você veio me ajudar? Sabia que você não me deixaria viver nesse submundo – disse ele, com dificuldade.

– Sim, meu querido, eu vim lhe ajudar.

Armando pediu para que dois jovens que o acompanhavam auxiliassem Ismael. De imediato, eles o levantaram. Como estava muito fraco, providenciaram um carro. Todos entraram no veículo que deslizava pelas ruas da cidade.

Aos poucos, o dia começou a clarear e eles chegaram a uma localidade afastada da cidade. Era um local envolto por grandes árvores. O vento balançava os galhos, que vinham até o chão, varrendo as folhas. Somente se ouvia o barulho do vento. O casarão era estilo antigo, medieval, possuía na entrada uma ponte móvel. Assim que o veículo se aproximou, a ponte foi abaixada. Os dois jovens ajudaram Ismael a sair do carro. Seguidos de Armando, todos entraram no casarão.

Ismael foi levado para um aposento, onde permaneceu recebendo tratamento. Ali permaneceu alguns dias, sem receber a visita de Armando. Às vezes, ele ouvia sua voz no corredor, tinha a esperança de que a porta fosse abrir, e ele pudesse ver aquele que um dia foi o seu grande amor. Mas em vão, ela não se abria.

Ouvia muitos passos e pessoas rindo e conversando no corredor. Aos poucos, começou a se recuperar. Perdido no tempo, sentia-se esquecido, ninguém vinha visitá-lo. Era um presidiário naquela cela sem grades.

Ismael estava deitado em seu leito, quando viu que o trinco da porta se movia. Rapidamente, sentou-se na cama e ficou a esperar. Seu semblante se modificou, sentiu-se feliz ao ver a figura de seu amigo diante dele.

– Como você está, Ismael, mais fortalecido?

– Sim, sinto-me melhor – respondeu ele, sorrindo.

– Fico feliz. Em breve, poderá deixar esse local e voltar aos seus afazeres.

– Afazeres? Onde estou?

– Está em um mosteiro, e você terá de volta os seus afazeres.

Diante da surpresa demonstrada por Ismael, Armando continuou a falar:

– Você pertencia a essa ordem e, quando voltou para a Terra, deixou aqui um trabalho que precisa ter continuidade.

– Eu?

– Sim, você, eu, todos nós pertencemos a uma ordem, e temos um grande líder, o Monsenhor Gregório, outrora grande chefe religioso na cidade de Versales, na qual fomos seus seguidores.

As informações eram passadas para Ismael e ele ouvia tudo calado. Com o fim do relato, ele olhou para Armando e lhe disse:

– Eu farei tudo o que for necessário, desde que possa ficar ao seu lado.

Armando sorriu e, se aproximando mais, respondeu:

– Meu querido, você continua o mesmo. Agradeço-lhe pelo carinho e a dedicação que sempre teve por mim.

– Minha dedicação tinha uma razão de ser. Eu o amava, e esse amor começou a brotar novamente no meu peito – disse Ismael, tocando o rosto de Armando. Você está mais jovem, não parece que esteve doente.

– Quem esteve doente foi o meu corpo – respondeu ele, sorrindo.

Aos poucos, o corpo espiritual de Ismael também foi sendo modificado, à medida que Armando começou a tocá-lo. Diante da surpresa de Ismael, Armando sorriu:

– Nunca ouviu dizer que temos uma força dentro de nós, e que o nosso pensamento é quem direciona essa força?

Ismael acenou negativamente com a cabeça. À medida que Armando terminava, ele se sentia renovado. Uma emoção tomou conta de seu ser. Desceu do leito e abraçou Armando demoradamente. Ele tentou beijá-lo, mas Armando, colocando os dedos em seus lábios, disse:

– Querido, eu o amo muito, mas você ainda está fraco, precisa se alimentar. Depois teremos muito tempo para ficarmos a sós. Aí sim, eu poderei receber os seus carinhos.

Sem jeito, diante da negativa de Armando, ele tentou disfarçar o constrangimento que sentiu.

Armando abriu a porta do quarto e disse:

– Venha, é hora de você conhecer o nosso mosteiro.

À medida que andava, pelos corredores, eles iam encontrando muitos frades, padres ostentando suas joias, freiras portando belos hábitos que resplandeciam luzes.

Uma coisa ele notou, mas não comentou nada com Armando. Todos os que encontravam tinham um brilho nos olhos e um sorriso lascivo. Armando percebeu o questionamento de Ismael, e sorriu.

– Não imaginava que o céu fosse assim.

Diante das palavras de Ismael, Armando disse:

– Todos têm o céu que merecem.

– Não entendi – respondeu Ismael.

– Tudo é possível, basta você ver com o pensamento, não lhe falei que temos uma força grande em nosso pensamento?

– Sim, é verdade, esqueci-me do que você me disse há pouco.

Ismael começou a trabalhar e, aos poucos, começou a se inteirar da tarefa. Armando era um líder. Tinha sob suas ordens um grupo de umas trinta pessoas, que executavam o que ele mandava. O amor entre eles ascendeu de modo mais transparente, não precisavam esconder de ninguém. Embora achasse estranho a princípio, Ismael gostou de tudo. Via que outros casais também se amavam, e não faziam segredos a ninguém.

Sob as ordens de Armando, que as recebia diretamente dos líderes religiosos comandados pelo Monsenhor Gregório, o grupo de trabalhadores anotava todas as ordens. Eles sempre saíam à tardezinha. Seus destinos eram as ordens religiosas que existiam nas proximidades da cidade de São Paulo.

A missão era interagir mentalmente junto aos seus pupilos, para que a disseminação do sexo fácil, sem amor, e dos prazeres materiais, assim como a vaidade e o orgulho, estivessem cada vez mais aflorados em todos. Muitos eram arrebanhados logo que adormeciam e, antes de serem trazidos para instruções, vagavam pelos bares e boates do centro de São Paulo.

Rapidamente, Ismael despontou como um dos líderes do grupo e, recebendo ordens mais diretas de Armando, começou a formar um novo grupo de ação. Assim ele permaneceu trabalhando no submundo dos prazeres e, cada vez mais fortalecido, aprendeu a usar as energias que os humanos exalavam nos momentos em que estavam se divertindo.

Capítulo XXVI

Uma Noite Agitada

Ismael estava feliz com as tarefas que executava. Armando, sempre que podia, acompanhava seu companheiro nas rondas noturnas. Eles se aprontavam para mais uma investida. Antes de deixarem o mosteiro em que viviam, Armando reuniu os grupos de trabalhadores noturnos e, aos poucos, ia dando as ordens. Os grupos deixaram o local rumo aos mosteiros, igrejas e congregações onde encontrariam os seus pupilos.

Todos os grupos tinham por meta buscarem seus pupilos assim que deixassem o corpo físico; outros, assim que deixassem seus afazeres religiosos, acompanhá-los para as noites de prazeres.

É assim que eles se aproximam da cidade de São Paulo. O grupo de Ismael se dirige a um mosteiro próximo da cidade. Eles procuram por Antônio, jovem padre que está em seu quarto preparando-se para sair.

Antônio, um homem de belo porte físico, está se vestindo e, olhando-se no espelho, fica se admirando. Trocou de roupa algumas vezes, colocou perfumes caros. Depois, pegando uma foto que estava como marca-página de um exemplar do Livro Sagrado, beijou-a várias vezes.

Ismael percebeu o envolvimento que existia entre o jovem padre e aquele homem da foto. Curioso, ele se aproximou do padre, que ainda permanecia com a foto nas mãos, admirando-a.

Trata-se de um belo homem. Eles estão juntos na foto. Antônio está com seu hábito e o outro, vestido socialmente.

– É, meu querido, eu não devia ter feito o seu casamento e sim me casado com você – disse Antônio, beijando a foto novamente e colocando-a de volta no livro. Depois, fechando-o, disse, olhando no espelho:

– Se não posso ter você quando eu quero e como desejo, terei outros.

Ele terminou de se arrumar, pegou seu celular e fez uma ligação.

– Já estou pronto. Você me pega em frente ao mosteiro?

– Claro! Dentro de dois minutos estou chegando. Pode me esperar – respondeu a pessoa do outro lado.

– Quem está aí contigo?

– O nosso pessoal.

– O.k., eu estou descendo – falou ele, desligando o celular e pegando seus documentos. Apagou a luz e, fechando a porta, deixou em seus aposentos, outro personagem.

Feliz, Ismael acompanha Antônio, que desce as escadas e encontra-se com alguns conhecidos que, sorrindo, dizem:

– Boa caçada.

– Obrigado – respondeu ele, rindo alto. – Será uma ótima caçada.

Depois, encontrando outro padre, que aparenta ter uns 50 anos, com os cabelos já grisalhos, perguntou:

– Você não vai hoje, Carvalho?

– Não, hoje vamos ficar por aqui, Lucio não está bem, encontra-se resfriado, vou cuidar dele pessoalmente. Mas, se der na louca, aparecemos por lá.

Antônio se aproxima do amigo e lhe dá um beijo, que é correspondido.

– Cuide-se. Não vá abusar – recomendou Carvalho, sorrindo.

– Pode deixar. Boa noitada para você também.

Ismael está feliz, pois as coisas haviam mudado desde o tempo em que ele frequentara o seminário. Ele sabia que muitos estavam ali para estudar. Mas o motivo maior era porque a homossexualidade estava escondida, e a família não aceitaria que se declarassem. Já como padres ou seminaristas, poderiam esconder sob o hábito um desejo reprimido há anos ou já aflorado.

Assim que Antônio abre a porta e sai do mosteiro, um carro se aproxima e buzina. O motorista diz:

– Nossa, hoje a noite promete pra você. Está um gatão!

– Obrigado, Milton, você e suas cantadas.

Antônio entra no carro e recebe um beijo do amigo. E cumprimenta mais dois amigos que estão atrás. A noite promete ser muito agitada. Milton liga o rádio e, ao som de uma música dançante, eles se dirigem para o centro da cidade de São Paulo, mais precisamente para a Vieira de Carvalho.

Milton é um homem de aproximadamente 45 anos, separado da esposa. É um empresário bem-sucedido no ramo de autopeças e amigo de Antônio desde os tempos de colégio, antes de este decidir entrar para o seminário.

Milton se separou da esposa porque ela se envolveu com uma amiga, colocando um fim no relacionamento de mais de 20 anos. Desse relacionamento, nasceram duas filhas, que estão morando com a avó paterna. Decidido a pagar na mesma moeda, começa a frequentar os bares e boates da cidade de São Paulo. Na companhia de Antônio, todos os fins de semana sai em busca de amores perdidos.

Antônio busca esquecer o amor de Ângelo, que, mesmo correspondendo a esse amor, acabou por escolher a vida normal, por receio de encarar a sociedade, já que ele era um médico respeitável e pertencente a uma família tradicional.

O carro passeia pelo centro da cidade e, em cada esquina, grupos de pessoas se exibem, ofertando-se de maneira bem obscena. Os dois homens que estão no banco traseiro se divertem com o que está acontecendo.

– Que doida aquela franga! – disse Pedro.

– Nossa, olhe aquela uma lá – comentou Amaral. – Parece a Madona.

– É uma competição entre elas – explicou Milton. – Que tal? Está a fim de parar aqui?

– Não, é melhor não, vamos para o estacionamento e depois para o barzinho. Lá é mais discreto, não devemos nos expor assim – falou Antônio.

Todos concordaram e se dirigiram para o local de costume. Ismael e seus ajudantes acompanhavam o grupo. Alguns já iam se aquecendo, Amaral e Pedro eram do interior. Amaral era pastor de uma grande cidade do interior e, todos os fins de semana, vinha para a capital se encontrar com os amigos. Sempre ficava no apartamento de Pedro, que também era evangélico, mas morava e exercia seu postulado aqui em São Paulo. Eles traziam bebidas e um litro de vodca já preparada, que passava de mão em mão.

Os espíritos que acompanhavam se deliciavam inalando o cheiro, embriagavam-se, deixando-os mais alegres ainda. A simbiose entre eles era tão grande que praticamente todo o álcool da bebida era consumido pelos espíritos.

Amaral e Pedro tinham um caso há muitos anos, mas eram liberais, sempre saíam à caça em busca de novos parceiros.

– O que vocês acham de terminarmos a noite vendo o dia nascer na praia?

– Boa ideia – respondeu Pedro, que já estava bem alterado.

– Não sei não. Vamos ver como será a noite, depois resolveremos – disse Milton.

– Dinheiro não é o problema, deixem comigo que essa semana eu pago – disse ele, retirando do bolso a carteira recheada de notas.

Os espíritos que os acompanhavam, ao verem a quantidade de dinheiro e os planos da noite, fizeram uma algazarra. A noite prometia muitas alegrias. Assim que se aproximaram do local, cumprimentaram os seguranças que estavam na porta do bar.

Ali estavam mulheres e homens vivendo uma realidade bem transparente, que não podiam viver no dia a dia. O grupo, assim que chega, é cumprimentado por muitos clientes. Todos são velhos conhecidos. Eles se dirigem para uma mesa que já estava reservada.

A música contagiando a todos, um som alto com luzes coloridas envolvia todos os que dançavam na pista.

O grupo de Ismael logo se encontra com outros que lá estão.

Antônio pede a bebida que costumava tomar. Ele fica olhando para o amigo que está conversando com um jovem. Os dois começam a tomar uma bebida juntos, no mesmo copo, enquanto dançam ao som da música.

Perdido em seus pensamentos, Antônio pega o celular e busca pelo número de Ângelo. Resolve mandar-lhe uma mensagem.

Ismael acompanha tudo. Diante da indecisão de mandar ou não a mensagem, ele o incentiva.

– Não perca o seu tempo, mande uma mensagem para ele.

– *"Mas e se ele não me responder?"* – pensava. – *"Vou ficar mais pra baixo."*

– Claro que você não vai ficar pra baixo. A noite apenas começou. E vai aparecer alguém especial. Não se preocupe, não abandonarei você.

– *"Não, eu não posso mandar, faz tempo que não nos falamos, ele vai ignorar"* – dizia Antônio em pensamento, respondendo a Ismael.

– Claro que não, ele vai ficar feliz com sua mensagem. Vamos, mande – insistia Ismael.

Ele começa a escrever a mensagem, diz a saudade que sente e que gostaria de vê-lo.

Antônio termina de escrever a mensagem, mas fica indeciso em mandar ou não. Ismael pega em sua mão e dirige o dedo para enviar a mensagem.

Na tela do celular, o símbolo de uma carta e a seguinte frase: *"Mensagem enviada"*.

– Pronto, agora é só esperar – sorriu Ismael, abraçando Antônio.

O garçom se aproxima trazendo o drinque pedido por ele.

– Mais alguma coisa? – pergunta o garçom.

Antes que respondesse, Ismael da um tapa na perna do garçom, que chega a sentir, mas, como Antônio está do outro lado da mesa, ele ficou sorrindo, sem saber de onde viera o tapinha.

Ismael começou a rir, pegou um copo de bebida de outro garçom, que ali está em espírito, e ficou bebericando.

Ele se afasta de Antônio, deixando-o com seus pensamentos.

– A sorte está lançada, meu amigo. Espere e verá – disse Ismael, indo para o centro da pista.

Antônio olha para o celular e permanece ansioso, esperando por uma resposta. Com o coração agoniado e uma imensa saudade, que bateu de repente, ele deseja saber notícias.

Alguns minutos se passaram, parecendo uma eternidade, até que o celular recebeu uma mensagem. Ao ler o sinal de mensagem, Antônio sorriu e, rapidamente teclou para abri-la.

Com um sorriso estampado no rosto, ele leu:

"Também estou com saudades, estou sozinho, se puder, quero vê-lo. Ligue-me, lhe aguardo."

Feliz, ele se dirige para o banheiro para poder ligar. Como era de se esperar, ali estão alguns casais. Antônio espera que eles saiam e liga para Ângelo.

Com sua voz rouca, pois está feliz e não quer falar alto:

– Ângelo, sou eu, Antônio.

– Que bom ouvir sua voz!

– Eu também digo o mesmo. Sinto muitas saudades.

– Antônio, eu preciso vê-lo – respondeu Ângelo.

– Onde? Posso ir até você.

– Ainda sabe onde eu moro?

– Você ainda mora em Pinheiros?

– Sim, no mesmo lugar, você pode vir agora, estou lhe esperando.

– Sim, estou indo. Dentro de meia hora estarei aí.

Feliz, ele saiu do banheiro e, quando se aproximou da mesa onde estava, viu um homem sentado, conversando com Milton. No início, ele não reconheceu, pois ele estava de costas, mas assim que se aproximou Milton diz:

– Veja quem eu encontrei ali na porta.

O homem levanta-se para recebê-lo. Ele não esperava vê-lo, era Marcos, assessor de um respeitável político, que trabalhava em Brasília e sempre vinha para São Paulo para se encontrar com Antônio.

– Não esperava vê-lo por aqui – disse Antônio, sem jeito.

– Nossa! Que frieza! – respondeu Marcos.

– Desculpe, é que estou surpreso, só isso – disse ele dando um abraço no recém-chegado. Marcos tentou beijá-lo, mas Antônio desviou, beijando-o no rosto.

Marcos pressente que as coisas não estão bem. Isso é notado por Milton também que, para quebrar o gelo daquele clima, disse:

– Que tal, querido, se fizermos um brinde? Afinal, faz tempo que a gente não se encontra.

– Desculpe, mas não posso ficar.

– Não? – perguntou Milton, surpreso.

– Sim, recebi um telefonema de minha irmã, minha mãe está internada, e vou até o hospital.

– Quer que eu vá com você? – perguntou Marcos, solícito, vendo que o amigo estava preocupado e nervoso.

– Não, eu pego um táxi. Ela já foi socorrida.

– É algo grave? – perguntou Marcos.

– Sim, ela é cardíaca, e já teve, meses atrás, uma crise forte.

– Quer que eu o acompanhe? – prontificou-se Milton.

– Não, fique aqui, faça companhia para Marcos. Eu mantenho vocês informados – dizendo isso, ele pega seu paletó e, vestindo-o deixa o local. Antes, porém, se despede dos amigos.

Marcos ficou chateado com a situação, mas foi conformado por Milton, que o abraça dizendo:

– Não se preocupe, não é nada grave.

– Espero que não seja mesmo – respondeu ele. – Já que sua mãe faleceu no ano passado.

Diante das palavras que acabara de ouvir, Milton lembrou-se de que realmente a mãe de Antônio já havia falecido.

– Acho que você ouviu mal – tentou consertar a situação.

– Não, meu querido, eu não ouvi mal, assim como você também não ouviu. Existe outra pessoa no caminho dele.

– Não vamos ficar aqui remoendo sentimentos que não são correspondidos – disse Milton, acariciando os pelos da mão de Marcos.

Sentindo o interesse que ele despertava em Milton, Marcos começou a ver que, na verdade, ele era um homem muito atraente. E devolveu o carinho.

O gelo tinha se quebrado e mais um relacionamento ali começou. Dois dramas, dois espíritos encarnados que estavam passando por desilusões e acabaram por cruzarem o caminho um do outro.

Enquanto isso, no bar, a música, as bebidas e os sentimentos se misturam, deixando um ambiente muito descontraído. Os casais estão à vontade para expressarem seus sentimentos e desejos.

A equipe de Ismael se delicia com tudo, deixa o bar e se dirige a uma das boates que existem pela região. Acabam por encontrar outros membros seminaristas, que aproveitam a noite para extrapolar seus desejos contidos.

Alguns em espírito, outros, na maioria, de corpo e alma se entregam aos carinhos. Dramas que muitos tentam mascarar.

Até quando a sociedade vai aceitar esse tipo de preconceito? Talvez se o Amor pudesse ser livre, aceito de todas as formas que se pode exprimir, vendo em cada irmão um ser que está caminhando para a evolução, mas que ainda não conseguiu se desvencilhar dos erros e defeitos, dos vícios que estão enraizados em seus corações, não existissem esses lugares, onde as pessoas se entregam ao mundo das drogas, do álcool e do sexo fácil.

E a hipocrisia das igrejas que tentam mascarar a sociedade, escondendo que seus membros estão envolvidos em pedofilia e outros tipos de relacionamentos. Haverá um dia em que elas precisarão enfrentar isso de frente, assim como abolir alguns dogmas. Como também na política, em que claramente alguns de seus personagens se envolvem em escândalos, desvios de dinheiro, obras superfaturadas, mas onde tudo acaba em pizza. E a sociedade aceita, votando nos protagonistas, como sendo uma forma de validarem tudo o que fizeram, como sendo normal. E há muitos que, para justificarem seus votos, dizem: *"Se estivesse lá, também faria isso."*

Esse é o nosso mundo de provas e expiações, que aceita muitos erros, mas ainda não é capaz de concordar com uma forma diferente de amar. Não o Amor por prazer, o carnal, mas o Amor sentimento verdadeiro que existe entre pessoas do mesmo sexo.

Capítulo XXVII

O Reencontro

Assim que deixou o local, Antônio, no táxi, disse ao motorista para ir ao bairro de Pinheiros, dando a ele o endereço. A noite estava fria, a temperatura havia caído de repente. Mas Antônio era aquecido pelas lembranças de um Amor que começou a explodir novamente.

O motorista inicia um diálogo com ele, que tenta conversar, respondendo às perguntas, mas suas lembranças não o deixam prestar atenção no que diz o motorista. Este sorriu, entendendo que o passageiro estava concentrado em seus pensamentos. Então ligou o rádio e deixou que belas canções fossem tocadas em seu aparelho. Isso fez Antônio se entregar às suas emoções ainda mais e seu coração ficou mais descompassado. Cada canção era um momento revivido por ele. Até parecia que o motorista sabia as canções que marcaram sua vida ao lado de Ângelo.

Na realidade, Antônio não sabia, mas ali ao lado Ismael dizia ao motorista o CD que ele deveria colocar.

Rindo da situação, ele ia feliz da vida, cantando ao lado do motorista, enquanto Antônio, no banco traseiro, sorria imaginando o momento do reencontro.

Há quanto tempo eles estavam separados! Como estaria ele? Fazia 15 anos que não se viam, algumas vezes, apenas se falaram por telefone. A última vez em que eles se viram foi no batizado da filha de Ângelo.

A vida apresenta cada situação constrangedora! Natalia, a esposa, fez questão que sua filha fosse batizada pelo amigo de Ângelo.

Quando ela foi com a mãe marcar o batizado, Antônio não a reconheceu. Nessa época, ele era o pároco da igreja.

– O senhor não se lembra mais de mim, padre Antônio?

Aquela voz ele não esqueceria. Mas ela estava diferente, mais bela.

– Desculpe, minha filha, mas são tantos os fiéis... – disse o padre, reconhecendo, a seguir, o olhar da jovem senhora.

– Sou a esposa de Ângelo. O doutor Ângelo, o senhor fez a cerimônia do nosso casamento. Lembra-se?

– Perdoe-me. Agora me lembro de você sim, filha. Faz tempo que não os vejo por aqui.

– É, nossa vida é uma correria, cheia de plantões, quase não temos tempo para as coisas sociais.

– É, minha filha, mas Deus não pode ser tratado como "coisas sociais", Ele deve ser tratado como alguém muito importante em nossa vida. Lembre-se de que, sem Ele, não chegaremos a lugar algum.

Diante das palavras do pároco, ela se sentiu constrangida.

– Bem, viemos aqui, padre Antônio, para marcar o batizado de nossa neta Rosangela – disse a mãe de Natalia.

– Sim, claro. Será um prazer realizar esse batizado. Espere um minuto, vou pegar o livro e ver a melhor data para vocês.

O padre entrou na sacristia, pegou o livro na estante e, voltando-se ao local onde elas se encontravam, pensou:

"Por que ela veio justamente aqui? Terei que ser eu a realizar o batizado dessa criança, que é fruto desse amor?"

Antônio voltou com o livro e as duas acabaram por escolher uma data entre as que foram apresentadas por ele.

A petulância e o orgulho que ela demonstrou, nos poucos minutos em que conversaram, deixaram a impressão bem clara de que Ângelo não podia ser feliz ao lado daquela mulher.

Difícil foi vê-lo participando do curso para os padrinhos. Antônio fez questão de aparecer ali todos os dias em que o curso era realizado. Ele queria ver Ângelo.

Enquanto o casal ministrava o curso, padre Antônio sentava-se ao fundo e observava os casais que interagiam com os palestrantes. Ele podia ver que os olhos de Ângelo estavam voltados para ele.

Na hora do café, os casais se aproximavam dele para cumprimentá-lo e ele, carinhosamente, cumprimentava a todos. Mas quando foi a vez do casal ele mal pôde resistir ao receber o abraço carinhoso de Ângelo e, ao sentir o seu coração batendo em seu peito, disse ao seu ouvido.

– Que prazer poder tê-lo aqui!

Sussurrando, Ângelo respondeu:

– Sinto saudades de você.

Antônio sorriu discretamente ao escutar aquilo e, para não ser notado, ele disse:

– Deus o abençoe, meu filho!

Antônio sorriu dentro do táxi diante daquela lembrança. Até que o motorista chamou sua atenção:

– Pronto, senhor! Já chegamos.

Antônio pagou pela corrida e saiu do táxi. Aproximou-se da portaria e se fez anunciar. O porteiro, então, lhe disse:

– O doutor Ângelo o está esperando, padre. Pode subir.

Ele se dirigiu ao elevador e apertou o número correspondente ao andar, onde morava o amigo.

O coração de Antônio batia mais forte à medida que as luzes do elevador indicavam que o andar estava próximo. Ismael, que o acompanha, se diverte.

O elevador parou e a porta se abriu para uma belíssima sala. Ele entrou e ficou deslumbrado com o ambiente. Uma música tocava e ele relembrou a canção que era uma das preferidas dos dois.

Antônio caminha e, diante dele, há um homem maduro, com cabelos e cavanhaque grisalhos, sorrindo.

– Que bom que você está aqui, meu querido – disse Ângelo, abrindo os braços.

Antônio caminhou e, emocionado, recebeu um forte abraço.

Um sentimento há muito contido estava prestes a aflorar. Na realidade, eles nunca puderam viver aquele Amor. Carícias são trocadas entre os dois. Antônio não acreditava estar ali, ao lado da pessoa que por tanto tempo ele amou e por quem ainda continuava a nutrir um sentimento verdadeiro, mas por causa de sua situação, não pôde externar como desejava.

Antônio, acariciando o rosto de Ângelo, disse:

– Quanto tempo eu esperei por esse momento!

– Eu também, sempre o buscava; por muitas vezes, eu o segui de longe, sem ter a coragem de lhe chamar.

Os amigos conversaram durante muito tempo e puderam ali demonstrar os sentimentos que tinham um pelo outro. Prometeram juras de Amor, e que jamais se separariam.

Antônio, olhando para um quadro em cima de uma cômoda, falou:

– Quem são esses?

– Minha família. Meus filhos, meus tesouros.

– E a sua mulher? Não vejo nenhuma foto dela aqui – disse ele olhando ao redor.

– Ela há muito tempo já saiu da minha vida.

– Como assim? Saiu da sua vida?

– Sim, estamos separados. Ela tem outra pessoa.

Ao ouvir aquelas palavras, Antônio sentiu uma felicidade interior o invadir. A agonia que estava em seu peito horas atrás desapareceu por completo.

Sorrindo, Antônio voltou a deitar-se ao lado de Ângelo, que começou a relatar o que havia acontecido nos anos todos de sua vida:

– Minha vida ia seguindo normalmente, muitos plantões, os filhos chegando, enchendo a casa de alegria, mas quando completamos sete anos de casamento, tivemos uma briga feia. Natalia tinha conseguido alguns plantões em outro hospital. Eu fui contra, mas ela insistiu. Tive que arrumar uma pessoa que ficasse com nossos filhos quase todos os dias. Ela praticamente abandonou a casa, vivia somente para o seu trabalho e, quando tínhamos algum compromisso, com a família, por exemplo, ela ia contrariada. Dizia não gostar de reuniões familiares.

– Certa vez, estávamos reunidos na casa de minha mãe. Era aniversário de casamento dela, comemorava bodas de ouro. Todos os filhos, irmãos e sobrinhos lá se encontravam. Natalia, como sempre, contrariada, inquieta, ficava pelos cantos como se desejasse ir embora. Aquilo foi reparado por todos da família, que vieram me perguntar o que acontecia.

– Menti, dizendo que era o cansaço, que ela estava preocupada com uma paciente que tinha problemas na gravidez e que esperava um telefonema a qualquer hora.

– A minha explicação convenceu, e a festa prosseguiu. Isso acontecia no salão do prédio. Vi quando Natalia entrou no elevador e subiu. Resolvi segui-la até o apartamento de minha mãe e me dirigi à sacada. Natalia falava ao celular, não me viu chegar, mas ouvi que falava baixinho com alguém. Aproximei-me mais da janela e pude ouvir:

– Também lhe quero muito, lhe espero dentro de 15 minutos.

Confesso a você, Antônio, que meu coração gelou. Quase perdi a respiração. Dei alguns passos para trás, e saí dali. Retornei para o salão e fiquei esperando que ela descesse. Assim que chegou, ela me procurou e disse:

– Ângelo, eu preciso ir até o hospital. Minha paciente está entrando em trabalho de parto.

– Tudo bem, querida, quer que eu a leve? De lá vou para casa.

– Não, querido, pode ficar aqui, aproveite a companhia de todos. Além do mais, as crianças estão brincando. Pode deixar, eu pego um táxi. Logo aqui em frente há um ponto.

– Eu lhe acompanho até o ponto.

– Não precisa, fique aqui – dizendo isso, ela me beijou no rosto e, despedindo-se de alguns parentes e dos filhos, saiu.

– Disfarcei e saí logo atrás. Ela saiu do prédio e se dirigiu para a esquina, eu fiquei observando, escondido atrás de uma árvore. Não demorou muito e um carro lhe deu sinal de farol. Ela, então, atravessou a rua, o carro parou e ela entrou. Era uma moça muito bela, por sinal. Tão logo ela entrou, as duas se beijaram longamente.

Confesso que aquela cena me causou ódio. Não queria acreditar no que os meus olhos me mostravam. O carro partiu devagar, passando por mim. Fiquei alguns instantes ali fora, tentando aceitar e, ao mesmo tempo, me recuperar do susto.

– Entendi o porquê de todas as negativas que ela sempre me dava quando eu a procurava. Os carinhos que tentava fazer e era impedido. A frieza com que sempre me tratava quando a procurava. Até que, nos últimos anos, eu já não a procurava mais. Nosso casamento estava desgastado.

– Depois de ver aquela dura realidade, a partir daquele dia, eu já não dormi mais com ela. Quando ela chegou, somente no outro dia, pela manhã, eu já preparava o café para nossos filhos, que me esperavam, prontos para irem para a escola.

Ela me cumprimentou de longe e se dirigiu ao quarto dizendo:

– Preciso de uma boa ducha, uma boa cama. Estou exausta, o trabalho foi difícil, mas a criança e a mamãe passam bem.

– Lembro-me de que nada respondi. Levei as crianças para a escola e voltei para terminar de me arrumar e ir para o meu trabalho.

– Quando eu cheguei entrei no quarto, ela dormia. Confesso a você que tinha vontade de esganá-la, sufocá-la, cheguei a pegar um travesseiro e me aproximei dela. Mas algo me impedia de fazer essa loucura. Permaneci ali, olhando com muito ódio. Depois, deixando o travesseiro cair no chão e aproximando-me dela, senti um cheiro de álcool. Ela havia bebido. Entende o que eu passei?

– Não deve ter sido fácil, Ângelo – respondeu Antônio, que acariciava suas mãos.

– Depois daquele dia, começamos a nos tratar com palavras ásperas. Ela já não fazia questão de ficar em casa nas horas de folga, sempre saía. Meus filhos estavam se apegando mais a mim. Dificilmente, se dirigiam a ela, mesmo porque ela os evitava.

– Vivi nessa situação muito tempo, cerca de dois anos, até que resolvemos nos separar.

– E hoje, você está sozinho?

– Praticamente sim, meus filhos ficam mais com minha mãe. Eu não a vejo há tempos. Ela deixou o hospital no qual trabalhávamos juntos. Deixou a sociedade também. Montou sua clínica em outro bairro. Enfim, estou sozinho.

– E o seu coração? – perguntou Antônio.

– Ele está vazio, sem ninguém.

Antônio, olhando nos olhos de Ângelo, disse:

– Não está mais vazio. Encontrei-o e quero ficar com você.

Um momento de ternura, em que os dois corações viviam um grande Amor.

Ismael, que acompanhava toda a cena, ria. Estava feliz. Conseguiu fazer com que Ângelo encontrasse Antônio. Mas, apesar de feliz, ele sentia um vazio em seu coração também, por isso, rapidamente, deixou o local e retornou para a boate onde havia deixado os seus pupilos.

Capítulo XXVIII

Quem são os Personagens?

A música estava alta, muitas luzes, o ambiente estava todo envolvido pela fumaça. Muitos que fumavam eram acompanhados de espíritos que aproveitavam a tragada. Muitos espíritos estavam ligados numa simbiose quase completa, fumando e bebendo. Tudo aquilo que as pessoas faziam tinha a participação dos espíritos. Toda energia que exalava dos corpos era também aproveitada pelos irmãos que estavam ali.

Ismael observava os novos amigos, Milton e Marcos, que se divertiam muito. Dançaram até suas roupas ficarem molhadas de suor. Depois de beberem e trocarem carinhos, os dois se retiraram para uma sala onde ficaram mais à vontade.

O número de pessoas que ali estava era grande. Encontramos um grupo de quatro mulheres e seus acompanhantes espirituais. Todas elas riam e cantavam ao mesmo tempo, acompanhando a música. Entre elas, encontramos a doutora Natalia e sua companheira Ana Carolina. As duas, muito animadas, trocavam carícias, até que resolveram ir ao toalete retocar a maquiagem.

No momento em que as duas caminham entre as pessoas, os dois amigos abraçados, Milton e Marcos, param frente a frente com elas. Ana Carolina fica sem jeito ao ver ali o seu ex-companheiro. Ela tenta fugir, mas ele a segura pelo braço.

– Espere, não precisa fugir.

Ao ver que Ana tentava se soltar das mãos de Milton, Natalia partiu pra cima dele, dizendo:

– Tire as mãos dela. Não está vendo que ela está acompanhada?

Uma discussão começou entre os três. Marcos, sem saber o que estava acontecendo, apenas observava. Quando viu, no entanto, que Natalia pegou uma garrafa de champanhe que estava na mesa ao lado e iria acertar Milton, ele o puxou rapidamente. Ela errou a mira e acabou acertando a companheira, que desmaiou. Rapidamente, os seguranças da casa vieram e retiraram todos dali, levando-os para fora.

Natalia ficou apavorada, ao ver que a amiga sangrava. Milton, também preocupado, tentava acordá-la.

Depois de algum tempo, ela voltou a si. Estava muito bêbada, e não dizia coisa com coisa. Natalia resolveu, então tomar o táxi que estava chegando com um casal. Para a surpresa dela, quem saiu do carro foi justamente seu ex-esposo com Antônio. Ela ficou sem ação. Fazia muito tempo que os dois não se viam.

Ângelo, ao ver Natalia, não falou nada, ignorou-a, coisa que ela também fez. Mas, no íntimo de cada um, o sentimento de ódio pôde ser notado. Antônio, que já conhecia Natalia, cumprimentou-a.

– O senhor aqui, padre Antônio?

– Sim. Por que o espanto, Natalia?

– Eu sempre desconfiei da amizade muito sincera e muito chegada entre vocês dois.

– Somos amigos sim. E não vejo nada de mal nisso – respondeu ele, secamente.

– Claro, muito normal, o senhor deveria estar cuidando de seus fiéis, ou é esse atendimento e suporte religioso que o senhor dá?

– Você não está bem. Outra hora conversaremos. Acho que você também não tem condições de me recriminar, afinal, você abandonou seus filhos e seu esposo.

– Seus superiores sabem disso? – disse ela, sorrindo e olhando para Ângelo, que permanecia calado.

Eles conversaram ainda por algum tempo, trocando ofensas. Até que Ângelo puxou Antônio pelo braço e disse:

– Vamos sair daqui! Não foi uma boa ideia virmos para cá.

– Não. Já estamos de saída – disse ela, colocando Ana Carolina dentro do táxi, e voltando para o apartamento em que viviam. O táxi desapareceu na rua movimentada por casais que saíam dos bares e boates que existiam pela região.

Os amigos ficaram observando a situação constrangedora que havia ficado. Ângelo e Antônio se aproximaram de Milton e Marcos. Marcos entendeu o porquê de ter sido desprezado por Antônio. Aceitou a situação, já que um sentimento estava surgindo entre ele e Milton. Depois, os quatro homens entraram em um bar onde havia mesas nas calçadas e pediram um chope cada um.

Ali, então, eles começaram a revelar, na realidade, quem era quem naquela confusão ocorrida há pouco. Quando Ângelo ficou sabendo sobre a pessoa que acompanhava sua ex-esposa começou a rir.

– Então eu e você fomos trocados por mulheres?!!! – disse a Milton.

– Um brinde, amigo! – falou Milton, já alterado de tanto beber.

Assim a conversa fluiu, juntamente com os demais irmãos que se insinuavam, aproveitando para inalar tanto a fumaça dos cigarros como o cheiro das bebidas. O dia estava clareando quando Armando se aproximou com um veículo grande e chamou os seus pupilos.

– E aí como foi sua noite? Bons resultados, Ismael?

– Sim, temos um início de boa colheita – riu sarcasticamente, olhando para Ângelo e Antônio que, abraçados, se preparavam para sair.

– É, esse caso é antigo – falou Armando. – Conheço dessa história todos os detalhes.

– Então, Armando, consegui fazer com que eles se reencontrassem hoje, e pelo visto ficarão juntos para sempre.

– Bom trabalho, querido – disse Armando, abraçando Ismael. – Bem! Agora chame nossos pupilos e voltemos para os nossos afazeres.

O grupo de Ismael se reunia e entrava no veículo para deixar o local rumo ao mosteiro, quando foram surpreendidos por outro grupo de espíritos da noite, que estavam virando a esquina, fazendo algazarra. Era um grupo de espíritos chefiados por Zé Paulo, travestidos de entidades da Umbanda, com seus trajes característicos. A única diferença era que sugavam as energias sexuais e influenciavam os encarnados e também os desencarnados. O grupo era especializado em obsediar os homens, a ponto de os incentivarem à pedofilia. Zé Paulo, assim que desencarnou, como era médium que tinha se desviado de sua trajetória, ligou-se rapidamente ao grupo que o assediava e logo se tornou um líder. Eles passaram ao lado do veículo no qual Armando estava na porta e os saudaram.

– Vão em frente, amigos. Bom trabalho! – disse Armando, sorrindo.

Alheios a tudo o que se passava nas sombras da noite, nossos personagens encarnados deixam o local, já planejando o retorno para logo mais à noite. Os amigos Marcos e Milton voltam para suas casas, prometendo se encontrarem logo mais. Ângelo levou Antônio para o seu apartamento. Lá chegando, Antônio tomou um banho e falou para seu companheiro:

– Tenho que voltar. Tenho que celebrar uma missa daqui a pouco.

– Quer que eu o leve? – perguntou Ângelo.

– Não, meu querido, pego um táxi – ele riu, lembrando a traição presenciada por Ângelo, que também se lembrou do acontecido e começou a rir.

– Olha, veja lá! – disse Ângelo, abraçando-o.

– Não vou traí-lo, meu querido, já que lhe encontrei. Nunca mais vou perdê-lo de vista, pois quero viver esse grande Amor – disse ele, beijando-o.

Os dois passam a viver um intenso Amor. Antônio deixou o mosteiro e passou a conviver com Ângelo em seu apartamento, mas continuou na vida eclesiástica. Ninguém suspeitava do seu envolvimento; para os seus fiéis ele continua sendo o padre Antônio, respeitado e amado por todos. Por outro lado, Ângelo continua na medicina e cada dia mais se aperfeiçoa em sua área. Sempre viajando, fazendo palestras e participando de cursos. Ambos vivem um relacionamento de amigos. A família aceita a amizade dos dois, assim como os filhos de Ângelo, que passaram a aceitar a figura do padre convivendo com o pai, como sendo o tio Antônio.

Dessa forma, os dois seguem suas vidas na sociedade, mas vivendo um Amor diferente, no qual se completam. Não frequentam muito a noite, todavia, vez ou outra, saem para encontrar com amigos.

Quanto a Milton e Marcos, estes se encontram quase todos os fins de semana nos bares e boates da cidade. Têm uma vida agitada.

Natalia e Ana Carolina vivem juntas, cada uma levando sua vida profissional, mas se declararam perante a sociedade, assumindo a relação. No hospital, ela é a doutora conceituada. Seus filhos, raramente ela os vê. Eles até preferem não receber a visita dela, pois sempre que isso acontece acabam discutindo.

Muitos destinos se cruzaram, um envolvimento mais forte brotou de seus corações, acabaram se separando e cada um seguiu seu caminho. Qual a razão de todas as lágrimas derramadas? Por que existe o Amor que é somente desejo e paixão, ao contrário do Amor entre seres iguais que se completam? Essas formas diferentes de amar fazem parte da evolução humana.

O importante é que os ensinamentos do Cristo devem ser praticados envolvendo qualquer irmão, independentemente da forma como ele expressa esse Amor. Lembremo-nos de que estamos em um processo de evolução, e até os espíritos que se nutrem dessas energias também estão sob os olhos atentos do Pai, que não os abandona.

[illegible]

[illegible]

[illegible]

Natália e Carolina vivem juntas, cada uma levando sua vida [illegible]

[illegible]

Muitos destes aspectos [illegible]

O importante é que [illegible]

Capítulo XXIX

A Chegada de Patrícia

Pelo menos duas vezes por semana, Silvia, uma jovem moça, vinha ao apartamento de Guilherme e Flávio fazer uma faxina. Ela estava grávida de 8 meses. Era muito querida pelos dois, que compraram todo o enxoval da criança. Silvia tinha 23 anos e, como era de família pobre, trabalhava como diarista para algumas famílias da região. Certa vez, eles estavam em casa no dia da faxina e, aproveitando a companhia dela, prepararam o almoço. Depois de pronto, todos saboreavam uma bela macarronada com frango caipira, que ela havia comprado na feira perto de onde morava e trazido para eles.

– Diga-me, Silvia, e o seu marido, como ele está se sentindo com essa menina que está vindo ao mundo?

– Seu Flávio, o meu namorado me abandonou quando soube que eu teria uma filha.

– O que é isso? Que machismo idiota! – falou Guilherme.

– Pois é, faz três meses que ele saiu de casa.

– E como vai ser depois que sua filha nascer?

– Não sei. Geraldo voltou para Minas e, pelo que seu primo me falou, ele já tinha família lá.

– Não acredito nisso! Então ele levou você no papo? – perguntou Guilherme.

– E o pior é que eu tenho que deixar o meu quartinho, estou com o aluguel atrasado há quatro meses.

Eles se entreolharam por um tempo. Sorriram e, depois, fizeram uma proposta para Silvia.

– Por que você não vem morar aqui? Tem o quartinho de empregada, montamos o bercinho da Patrícia e você fica aqui com a gente.

Silvia não tinha família aqui em São Paulo, ela era do interior de Minas, assim como seu namorado. Ela, prontamente, aceitou o convite feito pelos dois. Mas, antes, viajou para ver seu pai que estava doente. Ficou combinado que, depois que ela saísse da maternidade, ela viria direto para o apartamento. Três semanas depois, eles recebem uma nova hóspede, que mudaria muito a vida dos dois: a pequena Patrícia, uma bela menina de olhos azuis. Ficavam adorando a menina, não viam a hora de voltar do trabalho para fazerem companhia à pequena, enquanto a mãe cuidava da casa.

A menina crescia com saúde. Já com 4 anos, era a alegria da casa. Muitos vizinhos criticavam o fato de uma criança morar com um casal homossexual, mesmo com a mãe convivendo ali com eles. Muitas vezes, Silvia era questionada pelo fato de viver ali com o casal, no entanto ela sempre tinha resposta na ponta da língua.

– Olha, dona Esmeralda, os meninos vivem sim uma vida juntos, mas muitos casais não são tão felizes quanto eles, e eles me respeitam muito. Eles amam minha filha, e ela adora os dois.

– É, mas você não pode deixar que eles sejam responsáveis por educar sua filha.

– Olha, se a senhora visse o carinho e a preocupação que eles têm por ela, coisa que nenhum pai faz. Eles pagam a escolinha da Patrícia. Flávio vai às reuniões da escola e, quando não pode ir, vai o Guilherme.

– Isso é um absurdo! Como você pode deixá-los educar sua filha?

– Dona Esmeralda, por que a senhora não toma conta da sua vida? Ou melhor, por que não educa os seus netos, que vivem aprontando aqui no prédio?

– Como você é ingrata, ainda vai me dar razão! – disse a velha, que saiu reclamando das palavras ditas por Silvia.

O tempo ia passando. Um dia, Silvia recebeu um telefonema avisando que seu pai estava muito mal de saúde, e que ela deveria ir vê-lo urgentemente.

Por coincidência, Flávio e Guilherme estavam entrando de férias. Desde que a pequena Patrícia entrara na vida deles, eles programavam as férias para o mesmo período. Assim, podiam se dedicar mais à pequena, já que a consideravam como filha.

Silvia, preocupada, disse, a Guilherme:

– Vou ter que ir ver o meu pai, mas não queria levar a Patrícia. É uma viagem muito cansativa e está fazendo muito frio.

– Sem problema, minha amiga, deixe-a conosco, cuidaremos bem dela, já que estamos de férias.

Assim ficou combinado. Silvia partiu para sua cidade natal. Os dois cuidam da menina, que está fazendo 5 anos de idade. A pequena ganha de presente roupas e uma linda boneca. Numa tarde ensolarada de inverno, os dois resolvem ir com ela até o Parque do Ibirapuera.

Rapidamente, ela se arruma e, quando chega à sala onde os dois estavam terminando de se arrumar, diz:

– Tio Flávio, eu estou bonita? – diz ela, dando uma volta.

– Está linda, minha princesa, parece uma boneca!

– Tio! Estava esquecendo, vou levar minha filhinha. Ela quer ir passear também – disse Patrícia indo para o quarto e voltando com a boneca nos braços.

Guilherme olhou a cena, começou a rir e, aproximando-se de Flávio, falou:

– Querido, se Silvia concordasse, eu gostaria de adotá-la como filha. O que você acha?

– Adotar? – perguntou Flávio, surpreso.

– Sim, adotá-la.

– Querido, isso seria impossível. Primeiro, Silvia jamais daria sua filha para nós em definitivo. Depois, não podemos adotar crianças. Esqueceu a nossa situação?

Guilherme parou para pensar e ficou um bom tempo em silêncio.

– Pois é, não deixam que um casal homossexual adote uma criança. Mas o governo não faz nada para tirar essas crianças que perambulam pelas esquinas, perdidas nas drogas, no mundo do crime. Se a lei estivesse do nosso lado, muitas crianças teriam amparo, teriam amor. Saberiam o que é uma família.

– Concordo com você, mas a nossa realidade é bem outra – disse Flávio, já pronto e indo para a porta, chamando-os.

Eles entraram no elevador, que parou em outro andar, e quem entrou foi a senhora que mais os criticava. Ela olhou para os dois, depois para Patrícia, e falou:

– Isso é uma vergonha, que exemplo vocês podem dar a essa menina?

Guilherme ia responder quando Flávio disse:

– Senhora! Temos um sentimento do qual talvez a senhora nunca tenha ouvido falar.

– Sem-vergonhice?

– Não! Respeito. Conhece? Respeite para ser respeitado?

Dona Esmeralda começou a resmungar. O elevador chegou ao térreo. Eles saíram e ela continuou a reclamar, agora falando com o porteiro, que sorrindo, fez sinal para os dois não esquentarem com os comentários.

Eles foram ao parque. A pequena se divertiu muito, jogando pão para os patos, depois brincando com sua boneca. Os dois, sentados num banco, observavam a alegria da menina. Depois, andando pelas alamedas do parque, os três de mãos dadas, chamam a atenção pela beleza de Patrícia.

Dois jovens que passam por eles fazem piadas. Os dois fazem de conta que não é com eles. Mais adiante, um casal passa e fica olhando também. A mulher, não aguentando de tanta curiosidade, perguntou a eles:

– Essa menina é de vocês?

– Sim – respondem os dois.

– Sobrinha? – perguntou ela.

– Não! Nossa filha – respondeu Guilherme, começando a ficar alterado.

A mulher parou um pouco e, esboçando um sorriso, disse:

– Que lindo! Seria bom se muitos pudessem fazer isso que vocês fizeram. Que coragem, parabéns pela atitude!

Guilherme começou a rir diante da surpresa do comentário. E depois agradeceu.

O casal fez questão de cumprimentar os três e, depois, beijando a pequena, afastaram-se continuando o passeio.

Os dois amigos riem da situação, pois num pequeno lapso de tempo, duas situações tão diferentes se apresentam.

– Ah! O nosso velho e amado preconceito! – comentou Guilherme.

Eles continuam a passear, até que a pequena, já cansada de brincar, pede colo. Guilherme, carregando-a, procurou um banco e ali permaneceu, enquanto Flávio foi comprar água. Ele acariciava os cabelos cacheados e sonhava como seria bom se eles pudessem ficar com ela. Seus pensamentos divagam e ele, distraído, não percebe a chegada de Flávio. Eles ficam conversando. Flávio coloca as perninhas da pequena Patrícia em seu colo e, sorrindo para Guilherme, diz:

– Sabe que às vezes eu me vejo assim, nós dois e uma linda menina?

– Como assim? Você me falou há pouco que isso seria impossível. E, pelo que vejo, é seu sonho também.

– Não expliquei direito. Sempre vejo essa cena, mas em tempo diferente.

– Como se fosse outra vida?

– Isso mesmo, como se já tivéssemos vivido essa cena. Pelo que vejo, você está interessado mesmo nos livros que sua mãe deixou!

– Sim, estou lendo e confesso que estou impressionado, pois acho todas as respostas para as minhas dúvidas.

– Que bom, Guilherme. Fico feliz, porque se ambos acreditamos em outra vida, com certeza, depois dessa, voltaremos a nos encontrar.

– E o nosso Amor continuará também. Flávio, você já parou para pensar quem foram Silvia e Patrícia em nossas vidas?

– Já sim, mas não tive respostas. Sei que sinto uma ternura muito grande por elas. Às vezes, em minhas preces, peço, se for permitido, que minha mãe venha e me dê uma luz.

– Digo o mesmo, querido. Sinto um Amor tão grande por ela, como se quisesse protegê-la de algo ruim que pudesse lhe acontecer.

A pequena está dormindo enquanto eles conversam, mas desperta e, ainda meio sonolenta, olha para Guilherme e diz:

– Papai! Ainda bem que o senhor está aqui.

Eles se olham admirados, sem saber o que falar, e ela volta a dormir. Nesse instante, eles são envolvidos pela energia de dona Neusa e de Raul.

Raul abraçou o filho carinhosamente, olhou para Guilherme com muita ternura e disse:

– Meus filhos, essa que aí está foi uma pessoa que significou muito em suas vidas. Assim como Silvia, que, no passado, esteve muito ligada a vocês dois. Isso mostra o Amor que um dia os envolveu e que continua a uni-los pela eternidade.

Eles ainda permanecem ali, envolvendo os três. Guilherme tem uma ideia:

– Querido! O que você acha se um de nós a registrarmos como filha?

– Como? Mas ela já tem um pai.

– Não, Flávio! Ela está registrada somente no nome da Silvia. Assim, se ela concordar, nós podemos dar um futuro melhor para ela. Não acha?

– Boa ideia, meu querido, assim ela ficará sendo nossa filha – respondeu Flávio, mostrando um sorriso em seu rosto. – Vamos falar com Silvia assim que ela voltar. O que você acha?

– Combinado, querido.

Os dias passam e Silvia volta da viagem. Eles falam da ideia que tiveram. Ela, emocionada, chora de felicidade.

– Meu Deus! – disse ela, com a voz embargada. – Eu só tenho a agradecer a vocês dois, são anjos que Deus colocou em nossas vidas!

A felicidade volta aos corações naquele lar. Na mesma semana, os três foram conversar com um amigo advogado, que os instruiu como deviam proceder para colocar o nome do pai no registro da pequena Patrícia.

Guilherme conversou também com uma amiga, que o convenceu a assistir a uma reunião espírita, na casa onde trabalhava. Ele comentou com Flávio e, no fim, todos foram juntos. Logo que chegaram, foram saudados pelos trabalhadores da casa. Uma senhora simpática, antiga trabalhadora da casa, já com idade avançada, se aproximou do grupo e disse:

– Sejam bem-vindos, meus filhos.

– Obrigado – responderam eles.

– Estava esperando por vocês, ainda bem que chegaram. A sua família, Flávio, está reunida novamente.

– Como assim? – perguntou ele.

– Meu filho, Deus coloca em nosso destino irmãos aos quais amamos muito em outras vidas. Estamos sempre reencontrando muitos deles, e hoje vocês estão unidos, formando uma família que foi, tempos atrás, desfeita brutalmente. Sejam bem-vindos, meus filhos, a nossa humilde casa! – falou a simpática senhora.

Eles ficaram encantados com as palavras da senhora, que, depois, indicou o local onde deveriam sentar para assistir à palestra e receber um passe magnético. O tema da palestra era justamente o que eles precisavam ouvir: "*Os verdadeiros laços de Família*".

– Flávio! Se minha mãe estivesse aqui, diria: "*meu filho, nada é por acaso.*"

Dona Marly, assim como os pais de Flávio, sorri com o comentário do filho.

– Minhas queridas amigas, fico imaginando quando eles ficarem sabendo quem são essas duas pessoas que entraram na vida dos dois – falou Raul.

– Graças ao bom Deus, elas estão retornando, depois de muitos anos, novamente para seus braços, e no momento oportuno o véu que cobre nossos olhos, ocultando o nosso passado e que nos ajuda a evoluir, será levantado, esclarecendo todos os mistérios das nossas afinidades e antipatias, amores e ódios que ainda trazemos gravados em nosso espírito.

À medida que caminhamos em direção ao Cristo, nos aperfeiçoamos e os sentimentos inferiores deixam de existir.

Capítulo XXX

Sem Dizer Adeus

Estamos no ano de 2002, no mês de setembro. O dia está ensolarado; os raios entram pelas grandes janelas abertas da sala onde Flávio trabalha. Tristonho, sente uma pressão no peito, uma agonia toma conta de seu coração.

– Que estranho, estou sentindo uma pressão no meu peito hoje – disse ele a Solange, sua amiga de trabalho.

– Estou lhe achando mesmo tristonho. Aconteceu alguma coisa?

– Não, Solange, não aconteceu nada. Está tudo normal.

– Você dormiu bem à noite?

– Sim, dormi bem. Sei lá, deve ser um resfriado que vem por aí. Meu corpo está todo dolorido, um peso aqui na nuca, estranho mesmo.

– Quer tomar um analgésico? Eu tenho aqui.

– Não, obrigado. Vou lavar o rosto – dizendo isso, ele saiu em direção ao banheiro.

Não demorou e o telefone de sua mesa tocou. Solange estava em outra ligação e não pôde atender. O telefone tocou várias vezes.

Quando Flávio retornou, Solange lhe diz:

– Seu telefone tocou, mas não pude atender.

– Tudo bem, seja quem for, retornará.

Ele reinicia seu trabalho. Não demora muito e ele recebe um telefonema de Silvia, que está preocupada.

– Olá, Silvia, bom-dia!

– Seu Flávio, está tudo bem com o senhor?

– Sim, está, minha querida, por quê?

– Patrícia acordou chorando, perguntando por vocês.

– Não. Está tudo bem comigo. Não se preocupe.

Flávio ouvia o choro da pequena do outro lado do telefone, e ficou preocupado.

– Silvia, coloque-a ao telefone, quero falar com ela.

– Alô, filha, por que você está chorando?

– Papai Flávio, o senhor está bem?

– Sim, minha querida, o papai está bem.

– Que bom! – disse ela, soluçando. – E o papai Gui?

– Ele está bem, filhinha, não se preocupe. Você teve um sonho ruim.

– Papai Flávio, fale para o meu papai Gui que eu o amo. E amo você também.

– Claro, minha filha, vou dizer. E nós a amamos muito também.

Ele desligou o telefone. Ficou preocupado com o sonho da pequena. As horas se arrastam, até que chega o horário do almoço.

– Solange, estou saindo para almoçar.

– Também já vou sair – disse ela, arrumando-se e saindo em sua companhia.

Os dois entram no elevador e, no andar térreo, Solange deixa Flávio esperando por Guilherme. Os minutos passam, mas ele não aparece. Flávio vai até a recepção e liga para a sala de seu companheiro. O telefone toca, mas ninguém atende. Ele espera mais um pouco, e resolve ir almoçar sozinho.

No restaurante, ele encontra alguns amigos.

– Olá, Flávio, tudo bem? – perguntou Cesar. – Sente-se aqui comigo.

– Obrigado – disse Flávio, sentando na companhia do amigo.

– Onde está o Guilherme? Não vem almoçar?

– Deve estar enrolado com o novo diretor do seu setor. Deve vir depois.

Os dois amigos conversam enquanto almoçam, até que são interrompidos por Claudia, que entra no restaurante apressada.

– Flávio, que bom que o encontrei!

Ao olhar para a amiga de trabalho, o coração de Flávio dispara.

– O que houve, Claudinha? – Era assim que ela era chamada pelos amigos mais próximos.

– O Guilherme, ele passou mal e foi levado para o hospital.

– Quando isso aconteceu? – perguntou Cesar.

Flávio não conseguia dizer uma palavra, sabia que algo estava acontecendo. A dor que sentia era grande, e agora, maior ainda. Seu coração parecia que não tinha forças para pulsar. Ele estava gelado, sua fisionomia ficou branca.

– Quando foi isso? – perguntou ele, quase sem forças.

– Há uma hora, mais ou menos.

– E por que não me avisaram?

– Tentei lhe avisar, mas ninguém atendeu em seu telefone.

Flávio, com dificuldade, levantou e perguntou:

– Quem o levou para o hospital?

– O Roberto foi com ele.

– E o Roberto já deu notícias, Claudinha? – perguntou Cesar.

– Já sim, ele me ligou há pouco e pediu para você ir ao hospital.

Flávio saiu do restaurante desnorteado.

– Cesar, vai com ele. Não o deixe sozinho – pediu Claudinha. – O caso é grave, meu amigo.

– Onde ele está?

– Hospital do Coração.

Cesar saiu apressado atrás de seu amigo. Flávio caminha pela rua totalmente perdido. Em sua cabeça, muitas lembranças vividas. Grandes momentos enfrentados pelos dois. As alegrias e tristezas, tudo vivenciado, intensamente. Flávio desviava das pessoas, até sentir que alguém o puxou pelo braço.

Querido, venha comigo, eu o levarei.

Cesar pegou o amigo e encaminhou-se para o estacionamento.

Lá chegando, Flávio disse:

– Nossa, esqueci! Viemos no carro de Guilherme hoje, e as chaves estão com ele.

– Sem problema, vamos com o meu – responde Cesar, indo para seu carro.

Os dois estão saindo do prédio.

– Em que hospital ele está? – perguntou Flávio, chorando.

– Não se preocupe, levo você lá.

Conforme o carro passava pelas avenidas e ruas, Flávio revivia todos os instantes que passaram juntos. Parece que estava em uma longa viagem. Não chegava nunca.

– O que farei da minha vida sem ele?

Cesar nada respondia, não tinha palavras para consolar o amigo.

O trânsito infernal não andava, os sinais pareciam todos com problemas. Demorou, mas enfim conseguem chegar ao hospital. Lá chegando, eles vão à emergência. Procuram por informação, quando veem o amigo Roberto se aproximar:

– Que bom que vieram.

Flávio se aproximou do amigo e perguntou:

– Como está ele, Roberto?

Ele permaneceu calado diante da pergunta.

– Diga alguma coisa, por favor, Roberto! – disse Flávio, segurando o amigo pelos braços e o chaqualhando.

– Acalme-se, Flávio – pediu Cesar.

– Sinto muito, Flávio. Mas ele não resistiu.

– Não!!!!!!!!!!!!!! – gritou Flávio, desesperado – Isso não pode me acontecer!

Flávio esmurrava a parede da sala de recepção. Desesperado e descontrolado, ele batia com a cabeça na parede. Ele não sentia a dor, o seu coração doía mais que todas as dores físicas juntas. Encostando na parede, deixou-se escorregar até o chão. Ele chora. Lágrimas de desespero rolaram por sua face.

Cesar e Roberto, ao verem o desespero do amigo, agacham-se e o abraçam, chorando também.

Uma enfermeira que vê a triste cena se aproxima e pergunta:

– Precisam de ajuda?

Roberto, com os olhos cheios de lágrimas, olhou para ela e respondeu com a cabeça que não. Ela se afasta, deixando os três ali por um tempo ainda. Flávio está chorando muito. Olhando para os seus amigos, ele pergunta:

– O que eu vou fazer da minha vida? Eu o amo muito. Não vou saber viver sem a companhia dele.

– Venha, vamos sentar ali no sofá – disse Roberto.

– Não! Eu quero vê-lo. Preciso.

– Tudo bem, mas quero lhe contar como foi.

Eles vão até o sofá e Flávio encosta a cabeça no ombro de Cesar, enquanto Roberto começa a relatar os fatos.

– Guilherme desmaiou na sala. Rapidamente, eu o socorri. Ele voltou a si depois de um tempo, mas achamos melhor levarmos para o pronto-socorro. Chegando lá, o médico nos encaminhou de ambulância para cá. Assim que chegamos, foi direto para a emergência. Os médicos vieram falar comigo da gravidade. Contei que ele só tinha você e, como não consegui falar com você eu assinei um termo de responsabilidade. Pedi aos médicos que fizessem tudo para salvar a vida dele. Ele foi levado para a sala de cirurgia. Iriam fazer um cateterismo nele, ele estava com duas veias entupidas. O atendimento foi rápido. Mas ele não suportou.

Flávio era abraçado pelos amigos.

Depois de alguns minutos, eles são autorizados a verem o corpo de Guilherme. Logo que chegam onde ele está, Flávio se aproxima e, debruçando sobre o corpo imóvel, começa a chorar.

– Por que, meu amor, você fez isso comigo? – perguntou ele, beijando o rosto do companheiro.

Os dois amigos não acreditavam no que viam. Um amor tão sincero, que rompera barreiras, tinha se acabado assim. Eles sofriam vendo o padecimento de Flávio.

– Guilherme! Por favor, fale comigo, meu amor. Sou eu, o Flávio, acorde. Tire-me desse pesadelo. Não vou saber viver sem você.

Enquanto isso está acontecendo, no lado espiritual, Guilherme entra apavorado na sala onde eles estão e, vendo que Flávio está ali, chorando sobre o corpo que a princípio não reconhece como seu, lhe diz:

– Flávio, ainda bem que você chegou, vamos embora desse lugar. Não quero permanecer aqui – disse ele aproximando-se e tocando a cabeça de Flávio.

Ao ver que o amigo beijava e chorava sobre aquele corpo, ele ficou apavorado ao se reconhecer nele.

– Meu amor, sou eu. Veja! Estou vivo, esse corpo não é meu – gritou ele, sem ser ouvido.

Guilherme se aproximou dos amigos e gritou desesperado tentando ser ouvido. Cansado, ele se sentou ao lado de Flávio, quando viu que vultos negros se aproximavam de seu corpo que ainda estava na mesa. Eles começaram a retirar energias ali existentes. Sem forma definida, eles começaram a rir e a gritar. Ao ver aquilo, Guilherme se levantou e tentou lutar com eles, mas tudo em vão. Depois de algum tempo, as entidades negras desapareceram da sala, rindo e desaparecendo no corredor. Guilherme ficou chorando ao lado do amigo que é consolado.

As horas passam. Os amigos são avisados e o corpo de Guilherme é levado para o velório, que acontece no cemitério Chora Menino.

Silvia e Patrícia chegam ao local. A pequena, nos braços da mãe, estende as mãos e diz:

– Papai, não vá embora, acorde!

Silvia, atendendo ao pedido da filha, a inclinou. Ela se deita sobre o corpo de Guilherme e lágrimas sentidas rolam de seus olhinhos. Ela acaricia o rosto de Guilherme. Aquela cena emociona a todos. Fraco, sem poder fazer nada, ele observa todos os que se aproximam do caixão. Guilherme permanece ao lado do amigo e afaga o rostinho da pequena Patrícia.

– Não chorem, meus queridos, eu não morri – diz ele aos dois e todas as vezes que um amigo se aproximava e consolava seu companheiro.

O enterro acontece. Guilherme, como havia prometido ao seu companheiro não o abandona, e passa a viver ao lado dele como se nada tivesse ocorrido. Sabia que tinha morrido, mas, em sua cabeça, não sabia como tinha acontecido. O importante para ele era estar ali ao lado, vivendo cada instante da vida de Flávio.

Em vão foram os pedidos feitos por sua mãe para que ele a acompanhasse.

– Filho, querido, vem comigo, você precisa se tratar.

– Mamãe, eu não vou deixar Flávio sozinho, e nem minha filha. Eles precisam de mim.

– Filho, eu lhe imploro, venha comigo. Depois, quando você estiver bem, poderá ajudá-los.

– Mamãe, nós fizemos um juramento de jamais nos abandonar, mesmo depois da morte.

– Isso é lindo, meu filho, mas veja sua situação.

– Estou bem, mamãe, tenho que ficar.

Flávio, por sua vez, iniciou um processo de entrega. Entrou em uma depressão profunda. Um sentimento vazio e uma angústia o envolveram. Não tinha vontade de viver. Flávio não conseguia ver, mas, em muitas ocasiões, chegava a sentir e ouvir a voz do companheiro. Isso lhe trazia felicidade.

– Eu não estou sozinho – dizia ele, olhando as fotos espalhadas por toda a casa.

Muitas das vezes, a pequena Patrícia dizia para Flávio:

– Papai Flávio, o papai Gui está aqui.

– Que bom, minha filha. Você está vendo o papai Gui?

– Sim, ele está dizendo que ama muito você.

Aquela situação estava deixando Silvia muito preocupada. Flávio não estava se alimentando, passava a noite muitas vezes em claro. Era comum encontrá-lo olhando as fotos dos dois e chorando.

– Não consigo viver sem ele, Silvia.

– Imagino, meu querido. Estou preocupada com sua situação, estou vendo que você está se entregando. Acredite, a nossa vida continua, assim como a dele, querido. O Amor que existe entre nós é eterno, ele o amará para sempre. Leia o Evangelho que ele lhe deixou. Encontrará a força e o remédio para essa dor que existe em seu peito.

– Minha vida está um vazio – falou ele, chorando.

– Papai, mas eu e a mamãe estamos aqui com o senhor. Não vamos deixá-lo nunca – falou a pequena, sentando-se no seu colo.

Aquelas palavras e a demonstração de carinho deixam os dois emocionados. Eles se abraçam, mas a preocupação de Silvia com relação a Flávio continua.

Alguns meses se passaram... Era madrugada, e a pequena Patrícia foi acordada por Guilherme, que acenava, chamando-a para ir ao quarto de Flávio. Lá chegando, encontrou-o com a foto de Guilherme sobre o peito.

– Papai Flávio, o senhor está bem? – perguntou, esfregando os olhinhos.

– Estou, minha filha! Te amo muito, mas tenho que partir. Seu papai Gui está me chamando – disse, com as últimas forças que tinha.

– Não se esqueçam de mim – pediu ela, com lágrimas nos olhinhos.

Flávio as enxugou e, colocando sua cabecinha sobre o seu peito, deu o último suspiro. A pequena adormeceu. Silvia, sentindo sua falta, foi procurá-la e viu a cena que seu coração já dizia estar por acontecer.

Capítulo XXXI

O Resgate

Enquanto a vida continuava, cada qual representando o seu papel, na Colônia Espiritual, dona Marly, a mãe de Guilherme, e irmã de Ismael, orava na capela. Pedia a Deus para que os anjos de luz pudessem ajudar seu irmão e seu filho que estavam perdidos nas noites, vivendo uma falsa realidade.

Ambos não queriam encarar a realidade e nem sequer ouviam os seus apelos. Todas as vezes que deles se aproximava, ela saía mais triste, a ponto do Irmão Cesário, companheiro de muitas vidas, pedir a ela que não mais pensasse em visitá-los até que estivessem em condições de serem resgatados.

Ela se dedica ao trabalho de auxílio aos necessitados, uma forma de também ser ajudada. Humildemente, participa de toda a limpeza dos imensos pavilhões do hospital.

O tempo passava e ela sempre pedia intercessão, até que, num dia, ajoelhada diante da imagem do Cristo, na capela próxima ao hospital, chorava emocionada. Envolvida por energias sublimes, o seu coração de mãe pedia:

"Senhor Jesus, em nome de sua Mãe Santíssima, eu lhe imploro, atendei o meu pedido se eu tiver merecimento. Se não, Jesus, acalente-me, dando-me mais trabalho, até chegar o momento de poder ter os meus dois filhos novamente nos meus braços."

Cesário, acompanhado de Igor, se aproximou e, tocando-lhe o ombro, disse:

– Querida irmã. Jesus ouviu suas preces.

Ela, com lágrimas nos olhos, responde:

– Deus seja louvado!

– Amém! – responderam os dois.

Cesário ajudou-a a se levantar e, apresentando a ela o companheiro Igor, disse:

– Esse é nosso irmão Igor. Ele é o responsável por uma equipe de socorro aos necessitados.

Igor beijou as mãos de Marly, em sinal de respeito e carinho.

– A sua bênção.

– Deus o abençoe, meu filho! – responde ela feliz, com um sorriso nos lábios.

– Querida irmã – disse Cesário. – Você irá acompanhar a caravana de trabalhadores pela qual Igor é o responsável.

– Vou ver os meus filhos?

– Sim, minha irmã, irá vê-los e, se possível for, resgatá-los.

Ela os envolve fraternalmente agradecida. A partir daquele dia, ela começaria a se reunir com a equipe de trabalhadores, para saber das estratégias que seriam utilizadas. Assim que entrassem no local onde eles estavam, principalmente Ismael, como deveriam proceder para que nada saísse errado.

Assim, ela participou das reuniões, sempre acompanhada por seu amigo Cesário, que auxiliava o grupo. Ele chegou a fazer parte por muitos anos desse trabalho de resgate aos irmãos presos ainda em suas fantasias.

Marly, logo pela manhã, acompanhava a prece matinal, que era feita na praça em frente ao hospital. Ali, com os primeiros raios de sol, todos os trabalhadores e alguns pacientes em recuperação se encontravam para acompanhar as orações que eram direcionadas ao pai Criador. Depois, ela voltava aos seus afazeres. Sempre feliz, a todos tratava com muito carinho.

Embora não fosse sua tarefa, ela, quando se aproximava dos leitos, sempre levava uma palavra que acalentava aos que lá se recuperavam.

Depois, no final da tarde, logo após a prece que também era realizada ao pôr do Sol, ela se dirigia para o setor dos trabalhadores socorristas, encontrando-se com o grupo. Todos do grupo estavam acostumados com ela. Apesar de poder se apresentar como quisesse, preferia manter a fisionomia de uma senhora com os cabelos grisalhos, mas a pele não tinha mais os sinais de sofrimentos. Tinha um brilho intenso no olhar.

A admiração de todo o grupo por ela era muito grande, tanto que a chamavam de Tia Marly. Carinhosamente, ela envolvia a todos.

– Obrigada, meus filhos! – dizia ela sempre ao encontrá-los.

– Por que obrigada? Nós é que temos que agradecer– respondeu Geralda, uma jovem que fazia parte do grupo.

– Não, minha filha. Eu sempre agradeço a vocês, e também a Deus por ter colocado vocês no meu caminho e pelo trabalho belíssimo que realizam de socorro aos nossos irmãos que necessitam de luz.

Todos faziam questão de abraçá-la ao término da reunião. A hora da partida se aproximava. O coração de mãe estava ansioso. Igor, abraçando-a, lhe disse:

– Querida irmã, partiremos amanhã, logo após a prece.

– Deus seja louvado! – disse ela, erguendo as mãos aos Céus.

– Hoje você está preparada. Tenho fé de que conseguiremos nos aproximar do seu irmão Ismael.

– Sim, eu sei que conseguiremos. Coração de mãe não se engana. Tenho pedido muito em minhas preces por esse momento.

– Sim, eu sei, minha querida. Suas preces é que abrirão as portas de onde ele se encontra.

A noite passou e, assim que os primeiros raios de sol entraram pela janela do quarto, Marly se pôs em pé. Rapidamente, se dirigiu para a imensa cozinha, onde todos recebiam uma leve alimentação. Depois, dirigiu-se à praça para acompanhar a prece. Lá chegando, reuniu-se ao grupo de trabalhadores comandados por Igor.

O Diretor do Hospital se apresentou, acompanhado por entidades iluminadas. E, dirigindo-se aos irmãos que se encontravam ali reunidos, iniciou a prece.

À medida que ele abria seu coração em uma prece emocionada, os emissários do alto envolviam a todos os grupos de trabalhadores que estavam prestes a deixar o local rumo à Crosta Terrestre.

Marly ficou emocionada ao ver que do alto desciam luzes coloridas que envolviam toda a colônia. Fachos de luzes eram direcionados a vários locais de tratamentos. Assim que terminou a prece, Igor se aproximou do grupo e falou:

– Vamos, meus irmãos? Estão todos prontos?

Sorridente, o grupo ouvia as últimas informações, quando Cesário, aproximando-se disse:

– Que a Paz do Cristo esteja entre todos.

Marly, olhando para o companheiro, se aproximou dele e o abraçou:

– Obrigada, meu irmão.

– Não agradeça a mim, querida irmã, mas a Deus. Se hoje você tem a permissão de ir ao encontro daqueles que lhe são caros, é por merecimento seu.

Eles se despediram e entraram no veículo que estava pairando, alguns centímetros do chão.

Alguns minutos depois, começou a subir até uma altura aproximada de uns 15 metros. Em seguida, iniciou a viagem rapidamente e cruzou o céu da colônia. O veículo prata refletia as cores douradas dos raios do sol. Ali estava uma mãe que tinha o coração cheio de amor e travará uma batalha com um inimigo do passado, que mantém seu irmão como presa.

A viagem transcorre normalmente, eles praticamente não veem nada. Com as janelas fechadas, apenas o comandante da aeronave pode visualizar a zona sombria na qual se encontram. Aproximando-se do local, o veículo inicia a descida. E pousa lentamente em um campo aberto em uma mata fechada.

Igor, assim que pousam, fala para seus trabalhadores:

– Peço a todos que se mantenham em prece, e unidos.

Eles, à medida que saem para o lado externo, têm a luminosidade diminuída. Um tecido os envolve e, ao toque com a pele do espírito, acaba por modificar os semblantes de cada um, tonando-os irreconhecíveis. Rapidamente, as vestimentas deles também são alteradas. Logo que se aproximam do mosteiro estilo medieval, eles se apresentam como membros da Igreja Romana. Igor pouco fala, apenas com o olhar se dirige às sentinelas que guardam o prédio, os demais ficam esperando. A ponte é abaixada e eles iniciam a entrada.

No princípio, eles sentem receio, não conseguem imaginar como poderiam espíritos ali viver. As paredes eram gosmentas, um líquido pegajoso escorria nelas. Um cheiro forte de enxofre chegava a causar dor de garganta.

À proporção que eles entravam, podiam ver as primeiras cenas degradantes.

Marly começa a orar. Ela está vestida com um hábito de freira, com um crucifixo no pescoço e, nas mãos, um rosário. Eles andavam por extenso corredor. Amplas salas existiam ali, podiam ver muitos homens e mulheres se envolvendo em carícias. Em outras salas, alguns contando metais, que imaginavam ser ouro, pois mordiam-nos fazendo um gesto característico de quem está vendo de quantos quilates eram as moedas.

Em outras salas, irmãos cometendo o pecado da gula, em banquetes onde os animais pareciam estar sendo devorados vivos. Em todos os ambientes, havia uma música que envolvia tudo. Gritos, sussurros e gemidos vinham de outras salas.

Igor parou em frente de uma sala e indicou para que todos se preparassem. Conforme entram no recinto, foram observados pelos que ali estavam. Algumas mulheres se aproximaram dos homens e começaram a cheirá-los e a fazer gestos obscenos.

Igor orava, com o olhar fixo no personagem ao centro da sala. Ele se aproximou, deixando o grupo reunido a alguns passos atrás dele.

Marly olhava para os lados, procurando o seu irmão. Enquanto isso, uma freira se aproximou dela e puxou o rosário, arrebentando-o e espalhando-o pelo chão. Marly mantém-se em equilíbrio. Apenas olha para a freira que, lascivamente, se insinua para ela, dizendo:

– Seu rei não aparece aqui. Por quê?

– Ele está em todos os lugares, minha filha –respondeu ela com firmeza e ternura.

Ao ouvir as palavras de Marly, a freira deu uma gargalhada estridente, que chegou a doer nos tímpanos de quem ali se encontrava. Rapidamente, Igor virou-se e fez sinal para Marly. Ela imediatamente entendeu e permaneceu calada, orando.

Enquanto isso, o Monsenhor observa todo o grupo. Sentado em sua poltrona vermelho-chumbo, sarcasticamente sorri diante do acontecido.

– Seus pupilos não estão acostumados?

– Viemos em paz – disse Igor.

– Sim, eu sei, o que querem dessa vez?

– Tenho aqui uma mãe que vem em busca de um irmão que está sob suas ordens.

– Como vocês são petulantes! Entram em meu território e ainda pedem para que eu liberte um dos meus homens de confiança? E você, Igor, há séculos tentando me persuadir, quando você irá desistir e me deixar em paz?

– Continuarei tentando, meu irmão. Até que seus olhos vejam e seu coração deixe florir o Amor trancafiado em seu peito.

– O que ganhou passando para o outro lado? Hoje você é um simples trabalhador – argumentou Gregório, irônico. – Aqui você tinha posição, poder, tinha tudo aos seus pés.

– Sim, concordo. Hoje sou um simples trabalhador na Seara. Mas não busco os sentimentos mundanos, e sim a paz no coração.

– Paz? – gritou Gregório. – De que serve a sua paz?

– Não adianta você mostrar um coração de pedra, Gregório. Ele já está começando a trincar, e chegará o dia em que ele se quebrará todo, desfazendo-se por completo.

– Isso nunca irá acontecer.

– Já está acontecendo, meu irmão. Antes você ficava irado, enfrentava-nos, muitas vezes, você ordenava aos seus guardas para que nos atacassem com seus dardos, e hoje já permite que entremos aqui em nome do Nazareno.

– Não, isso não! Se eu permito que você entre aqui, é pela consideração que ainda lhe tenho.

– Eu lhe agradeço pelo sentimento que ainda tem por mim. Por isso, é que eu, todos os dias em minhas preces, peço a Jesus para que lhe abençoe. Em nome d'Ele, eu lhe peço...

Gregório não deixou Igor terminar, levantou o braço e fez sinal para que ele parasse de falar. Depois, o Monsenhor levantou e, caminhando em direção a Igor, olhou em seus olhos e lhe disse:

– O Cordeiro não tem tanta força aqui.

– Senhor! – disse Igor. – Sei que ainda sente Amor pelo Nazareno. Em nome desse sentimento nobre que pulsa em seu peito, é que lhe peço: permita que essa nossa irmã recupere seu filho de outras eras?

– Quem é essa mãe?

Ao sinal de Igor, Marly se aproximou. Quando ela ficou diante do Monsenhor, ele, com os olhos em fogo de ódio, falou:

– Você? O que faz aqui? A quem veio reclamar?

– Ao meu irmão, senhor. Ele sofre e precisa de ajuda.

– Não tenho ninguém sofrendo aqui, está enganada.

– Imploro, oh! Monsenhor, liberte Augustus.

Ao ouvir aquele nome o Monsenhor ficou ainda mais irado.

– Augustus?

– Sim, Augustus, o senhor ouviu bem.

– Não! Não tenho ninguém aqui com esse nome – disse ele, voltando e sentando-se novamente.

Senhor, permita lhe contar – disse Igor, tomando a palavra. – Augustus, como o senhor bem sabe, foi fruto de um relacionamento entre o senhor e essa irmã que aqui está. Fruto proibido de um Amor impossível, já que os dois pertenciam ao clero. Ele foi abandonado juntamente com a mãe. Essa irmã cuidou do filho passando necessidades; muitas vezes, ela tentou lhe pedir ajuda, mas o senhor a proibiu de adentrar na Instituição que comandava. Pois bem, para encurtar a história, essas duas almas que se amavam como mãe e filho vieram a desencarnar na Revolução Francesa. Depois de muito vagarem separados pelos vales de sofrimento, nasceram por duas vezes seguidas no Brasil, sendo que, na última, Augustus veio como seu irmão, o que não a impediu de amá-lo como filho, eles não tinham a mesma idade, Ismael era doze anos mais velho que Guilherme.

Monsenhor Gregório ouvia tudo, e ia ficando muito irado, à medida que suas lembranças vinham à tona.

Depois de muito conversar, ele ordena:

– Tragam esse homem o qual eles estão procurando.

Rapidamente, alguns guardas se retiram e, passados alguns minutos, entram trazendo Ismael. Ele olha para todos, sorri e se aproxima, saudando o Monsenhor. Ele não percebe na sala a presença de sua irmã Marly.

– Aqui estou, Monsenhor, às suas ordens.

– Esse pessoal está a sua procura.

Ismael olha para o grupo e não reconhece ninguém.

– Deve haver algum engano, senhor. Eu não os conheço.

Ao ouvir aquelas palavras, Marly retira o capuz e o chama pelo nome.

– Ismael, meu irmão, sou eu.

As palavras tocam-lhe como um dardo atirado aos seus ouvidos, ele os tampa com as mãos, tentando não ouvir.

– Sou eu, meu querido, sua irmã – disse ela, aproximando-se dele e tocando em seu ombro.

Ele se ajoelha perante o Monsenhor Gregório, que observa a cena, rindo.

– Vê, não mantenho ninguém aqui encarcerado como vocês pensam.

– Por favor, me escute – disse ela, envolvendo Ismael num abraço, agachando-se ao seu lado. – Sou eu, meu irmão, Marly, lembra-se, o criei como filho. Olhe para mim – dizia ela, tocando o rosto do irmão, que estava machucado e tinha os olhos sem brilho, opacos.

– Você está machucado. Veja suas roupas, precisa de ajuda.

– Não, não estou machucado e não preciso de roupas, tenho as melhores roupas.

– Está enganado, querido. Você está como um farrapo humano. Que vida é essa a qual você vive?

– Sou feliz aqui. Deixe-me!

– Feliz? Meu querido, ninguém é feliz vivendo em um ambiente assim.

– Não vou embora – disse ele, olhando para Armando, que a tudo observava sem nada dizer.

– Aqui tenho a pessoa que amo e que me ama também.

– Mas e eu? E o meu Amor? Lembra-se de como eu cuidava de você e de Guilherme? Vocês dois eram os meus filhos. Esqueceu-se?

Ao ouvir o nome de Guilherme, ele começa a chorar.

– Não, ele não me perdoa. Jamais irá me perdoar.

Ao ouvir aquelas palavras, ela o envolve mais ainda e, olhando para o alto, roga proteção Divina. Naquele momento, uma luz os envolve, fazendo com que muitos dos que ali estão saiem correndo apavorados. Gregório permanece apenas olhando. Dos seus olhos, saem chispas de fogo, traduzindo um sentimento de ódio, que são desfeitas ao tocarem no feixe de luz que vem do alto. Ele não sente, mas está envolvido, o que o impossibilita de realizar qualquer reação que venha a interferir naquele momento.

Rapidamente, o grupo de Igor envolve Ismael, que é colocado em uma maca. Ao ver que eles estão saindo com seu companheiro, Armando se aproxima e, tocando-lhe, diz:

– Vou buscá-lo! Não se preocupe.

– Meu irmão – disse ela. – O cordeiro também o espera. E, se for necessário, eu venho em nome d'Ele buscá-lo.

Lágrimas rolam pela face de Armando, que as seca para não deixar ninguém ver que está sendo envolvido por um sentimento que ali é proibido sentir. O verdadeiro Amor.

– Adeus! – falou Armando.

– Até breve, meu querido, eu lhe espero – respondeu Ismael, tocando a mão de Armando.

– Até breve! – respondeu ele, baixinho.

O grupo sai apressadamente do local, deixando os que ali permanecem adormecidos. Os guardas abrem passagem para a caravana que se dirige para o lado exterior do mosteiro. Ismael consegue ver que, na realidade, onde ele via a beleza existiam sombras, manchas escuras. Não ouvia mais a música e sim gemidos de pavor, misturados com os de prazer, e muitos gritos de socorro. Ismael, olhando para o lado, viu que nas árvores havia espíritos grudados em seus troncos. Outros rastejavam pelo chão. Os guardas montavam cavalos adornados de muito ouro, davam chicotadas naqueles que tentavam entrar no mosteiro.

– Meu Deus! Por que eu não via isso?

– Você, meu irmão, via somente aquilo que eles queriam que você visse e, ao mesmo tempo, o que você desejava ver. O que foi criado em sua mente se exteriorizava.

O veículo deixou o local, retornando para a colônia, onde Ismael seria tratado. O trabalho do grupo junto a Marly apenas começava. Ismael ainda pensava em Armando, mas foi aconselhado por Igor para que procurasse não pensar nele, para não se ligar mentalmente.

– Primeiramente, vamos tratar de você, pois precisa se recuperar. Depois voltaremos e resgataremos o seu amigo, nosso irmão em Jesus – falou Igor, passando os dedos sobre os olhos de Ismael, que adormeceu logo que foi tocado.

Capítulo XXXII

O Último *Show*

Flávio, em seu camarim, retirava a maquiagem negra. Ele tinha acabado de representar o grande cantor de jazz americano, Al Johnson.

As luzes que contornavam o espelho aos poucos iam mostrando um homem sofrido, apesar de estar ao lado daquele que ainda o amava.

O espírito de Guilherme o acompanhava sempre, ajudava-o em tudo. Eles viviam como no passado, nada mudara na vida dos dois. O amor deles, a cada dia que passava, era vivido intensamente.

– Guilherme, hoje tem muito público?

– Os mesmos de sempre – respondeu.

Depois de trocar de roupa e se transformar na personagem Elis, Flávio olha para Guilherme, abraça-o e diz:

– Não sei, meu querido, algo estranho está acontecendo comigo.

– Ah, isso é impressão sua. Nada de mal vai acontecer.

– Não – respondeu ele. – Não é coisa ruim.

– Que bom! Pelo menos isso.

– Sinto como se nós fôssemos ficar separados por algum tempo.

– Isso não irá acontecer – diz Guilherme. – Ninguém irá nos separar.

Ele já está quase pronto. Um senhor entra no camarim e diz:

– Você será o próximo. Tem dois minutos.

– Estou pronto.

Flávio se despede de Guilherme, beijando-o, e diz:

– Deseje-me boa sorte.

– Boa sorte, meu amor. Vou assisti-lo. Estarei lá na plateia.

O palco está totalmente escuro, Flávio entra e se posiciona no centro. Logo, um foco de luz incide sobre ele e, ao mesmo tempo, uma canção começa a ser executada.

Totalmente transformado, ele parece ser, naquele momento, a personagem Elis.

Os acordes da música tocam o seu coração e, aos poucos, ele se sente mais emocionado do que nos outros dias. Ele inicia o *show* cantando "Me deixas louca", um grande sucesso de Elis Regina. O público aplaude. A emoção toma conta de todos que ali estão. Ele interpreta com forte sentimento. Lágrimas rolam de seus olhos. O público faz silêncio.

Ele anda pelo palco acompanhado pela luz. Depois, dirigindo-se ao centro, agacha-se, chorando, e termina por fim a música. Guilherme o aplaude emocionado. A plateia também o acompanha. A luz troca de tonalidade e outros acordes se iniciam. Mas, quando inicia cantar a próxima música...

"Se eu quiser falar com Deus.
Tenho que ficar a sós."

Outra luz se acende no meio do público e uma pequena mulher, levantando-se caminha no corredor central cantando.

Diante de seu fã, Elis continua a cantar, emocionada. Flávio fica extasiado. Ali, diante dele, ela, a sua musa.

Nesse momento, pétalas de flores caíam sobre os dois, que estavam emocionados. Era visível que um elo luminoso se fazia naquele instante, envolvendo-os à medida que a música era executada.

Ela continua a cantar e, vagarosamente, começa a subir as escadas que a levam ao palco, onde Flávio está, muito emocionado. Sorrindo, ela caminha ao encontro dele. Cantando, chega bem próximo e, estendendo a mão, o traz para a realidade. Aos poucos, ele consegue soltar a voz e, assim, um lindo dueto se inicia. A bela canção se torna mais viva. Muitas luzes são direcionadas para o palco; os espectadores assistiam a tudo extasiados. Muitos enxugavam as lágrimas, outros, sorrindo, deixavam transparecer a alegria que aquele instante trazia a todos os corações ali presentes.

Guilherme chora de emoção ao ver tanta luz e, nesse momento, ele consegue notar ao seu lado a figura de sua mãe. Marly, acompanhada de outros trabalhadores sorri, para o filho. Ele estende os braços e vai ao seu encontro como uma criança que corre para os braços protetores da mãe.

– Filho querido! Quanto tempo!

Ele não consegue dizer nada, apenas deixa que as emoções brotem do fundo de seu coração. Ela recebe muitos beijos do filho querido.

Depois, mais calmos, eles terminam de assistir à apresentação de Flávio e Elis.

À medida que a música vai terminando, as luzes da plateia vão sendo acesas e Flávio pode perceber que não há lugares vazios, existem vários amigos que vieram lhe prestigiar. Uma pequena senhora surge do fundo do palco com um ramalhete de flores e, se aproximando, lhe diz:

– Filho amado! Hoje é o dia mais feliz de minha vida!

Flávio olha para a senhora e vê ali, ao seu lado, aquela que o criou como filho. Neusa, com a aparência mais jovem e um sorriso nos lábios, entrega o ramalhete de flores ao filho do coração.

– Mamãe querida, você foi um sol que Deus colocou em meu caminho. Foi sempre o meu porto seguro.

Ele recebe as flores, beija-as e depois, tirando, uma rosa vermelha, beija-a e carinhosamente oferece a sua mãe do coração.

Um abraço emocionado. Uma energia esverdeada é formada naquele instante, envolvendo os dois. Logo depois, ele faz a mesma coisa, beija uma rosa e entrega a Elis, que a tudo observa.

– Uma nova vida se inicia, meu irmão – diz Elis. – A partir de hoje, seus caminhos serão de luzes, seu sofrimento e sua solidão acabaram.

Ele abraça carinhosamente Elis, beija-lhes os cabelos e diz:

– Sempre me inspirei em suas canções para realizar o meu trabalho.

– Sim, eu pude acompanhar sua trajetória. Nosso irmão Augusto Cesar me falou tudo sobre sua vida e, vendo algumas apresentações suas, me emocionei, por isso, estou aqui.

– Imagina a felicidade que sinto nesse momento!

– Você que sempre me homenageou, é o mínimo que posso lhe fazer diante das suas homenagens.

Os dois se abraçam. Flávio agradece aquele momento. Ele a beija muitas vezes, dizendo:

– Obrigado, Elis. Obrigado, minha deusa.

O público aplaude aquele instante emocionante. Depois, ele se dirige ao microfone e começa a falar.

– Tudo isso parece um sonho. E não quero acordar. Jamais em minha vida imaginei que um dia estivesse rodeado das pessoas as quais tanto amo. Agradeço a Deus pelo Amor que tenho em meu coração, pelas pessoas as quais Ele colocou no meu caminho. E não quero ser ingrato, quero dividir esse momento com o meu companheiro de caminhada – dizendo isso, ele chamou Guilherme para subir ao palco.

Dona Marly, que estava abraçada ao filho, lhe diz:

– Vai, filho, vá dividir com ele esse momento de felicidade.

Guilherme caminha por entre as pessoas que ali estão. Enquanto tudo isso ocorre, as equipes socorristas aproveitam para ajudar muitos irmãos ali no teatro. Igor coordena toda a ação de socorro, assim como outros irmãos com suas equipes.

Guilherme é ajudado a subir ao palco, ele está quase sem forças. A emoção toma conta de sua alma. Flávio vai até a escada e estende a mão. Depois dá-lhe um abraço fraterno e demorado, leva o companheiro próximo de sua mãe e lhe diz:

– Mãezinha querida, eis aqui a pessoa que cruzou minha vida e me trouxe momentos de felicidades. Depois que perdi o meu pai, fiquei sozinho, mas Deus, vendo minha solidão, teve compaixão de mim.

Dona Neusa abraça Guilherme carinhosamente. Flávio os envolve em um abraço aos dois. Depois, pergunta a sua mãe:

– Onde está o meu pai? Ele não veio me ver?

Dona Neusa sorri e, olhando para a plateia, diz:

– Olhe ali, filho.

Flávio procura desesperadamente pela presença do pai. E, quando seus olhos cruzam com o dele, Flávio volta a ser o pequeno que corria na areia da praia, pedindo o abraço protetor de Raul. Ele vai ao encontro de seu pai. Ao se aproximar, vê que ao seu lado está uma bela mulher, mas ele não a reconhece, vai em direção aos braços do pai e o abraça fortemente. Emocionado, Raul o beija várias vezes.

– Filho querido, quanta saudade eu senti!

– Eu também, meu pai! Senti muito sua falta.

Os dois ficam abraçados, emocionados. Essa cena contagia aqueles que estão ao lado. Depois, olhando nos olhos de Raul, Flávio diz:

– Pai! Eu preciso lhe dizer algo muito importante.

– Sim, meu filho. Mas antes quero que você conheça o grande amor de minha vida – Raul apresenta Luzia. – Essa é sua mãe, meu filho.

Flávio olha para aquela moça linda, fica admirado e recorda-se que, por várias vezes, já a tinha visto em seus sonhos.

Luzia abre os braços para receber o tão sonhado abraço do filho que ela não pôde carregar nos braços.

– Venha, meu filho! Há muito tempo o espero.

Ele é abraçado pela sua mãe que, emocionada, beija-lhe várias vezes.
– Até que enfim minha família está unida – falou ela.

– Minha mãe! Como a senhora é linda, e como se parece com minha mãe Neusa.

– Pois é, filho! Sua mãe é muito linda mesmo, e muito parecida comigo – diz Neusa aproximando-se.

Todos os corações estão felizes. Aos poucos, as equipes se retiram do local, com destino aos hospitais.

Flávio, vendo que Guilherme era amparado pela mãe e por Igor, se aproxima e lhe diz:

– Meu querido, sabe o quanto o amo. E como você foi e é importante na minha vida!

– Sei meu amor – diz Guilherme, abraçando-o. – Não quero me separar de você – pede ele, chorando.

– Eu também não – responde Flávio, olhando para Igor, como a pedir "*Por favor, não nos separe*".

Igor entendeu e viu como era grande o Amor que os unia.

– Vocês dois serão enviados para o hospital. Precisam se recuperar primeiro. Ambos estão debilitados.

– Ficaremos separados? – perguntou Guilherme.

– Por pouco tempo, meu querido.

– Mas... Não podemos ficar no mesmo hospital?

– Sim, Flávio, vocês ficarão no mesmo hospital, mas separados, cada um receberá o tratamento de que precisa.

– Filhos queridos, o importante é que vocês estarão sendo ajudados, precisam se recuperar, aprender muita coisa ainda. – disse dona Marly.

As equipes deixam o local. Flávio acompanhado de sua família e Guilherme da sua. A partir daquele instante, eles iniciam um trabalho de reparação, já que haviam sofrido doenças graves e ainda estavam com os sintomas gravados no perispírito.

Capítulo XXXIII

Ajudando Guilherme

Assim que chega ao hospital da Colônia, Guilherme é levado para seu leito. Em razão do infarto que sofrera, sentia ainda as dores em seu peito. Sua mãe o acompanha. Ele recebe os primeiros socorros. Depois, toma um banho que revitaliza suas energias. Com um pijama azul, deita-se em um leito confortável, que foi preparado por sua mãe, que o cobre carinhosamente. Lembra-se de quando ele era criança ou mesmo quando ele já era um homem feito.

Quantas vezes ela levantava de madrugada e ia ver se o filho estava coberto! Lá chegando, cobria-o com uma manta e beijava-o antes de voltar para sua cama, enquanto ele sorria e continuava a dormir.

Guilherme dormia o sono reparador, enquanto Igor conversava com Marly sobre as ações que fariam, para que Guilherme começasse a mudar sua forma de ver e sentir a vida.

– Irmã, como está a recuperação de Ismael?

– Ele ainda está fraco. É engraçado, Igor, como ele se sentia fortalecido quando lá estava. Depois que chegou aqui, ele ficou muito debilitado.

– Sim, minha irmã. Quando ele estava lá, recebia energias do ambiente, e também Gregório possui um local onde eles recebem sempre as energias de que estão precisando.

– Como? Eles recebem um passe?

– Posso dizer que sim... Não é uma transmissão de energia como conhecemos.

– Mas para que eles recebem?

– Para que não consigam ser envolvidos pelas energias do bem.

– Por isso, ele se sentia bem?

– Isso mesmo. Mas, e hoje, como ele está?

– Estive conversando com o Irmão Natanael, que é o responsável pelo setor onde ele se encontra. Ismael continua dormindo.

– Podemos lhe fazer uma visita. O que você acha?

– Agora?

– Sim, seu filho dorme tranquilamente.

– Vamos, então, não pude visitá-lo desde que chegou aqui.

Eles se dirigem ao Hospital de Restabelecimento, que possui três andares, todos na cor branca, com grandes janelas com contornos na cor azul-claro, detalhes decorativos em estilo barroco. Veem-se, nas janelas abertas, vários irmãos admirando a paisagem.

– Nunca tinha vindo a esse hospital – falou Marly, admirada com o estilo.

– Essa construção foi idealizada por espíritos que viveram na época do famoso escultor Aleijadinho, por isso, os detalhes lembram os casarões das cidades históricas de Minas Gerais. Inclusive, se você prestar atenção, logo mais adiante verá algumas réplicas do conhecido escultor.

Dizendo isso, eles entram no saguão do prédio e podem admirar as obras de Aleijadinho.

– Nossa, como é bela, parece que elas têm vida. Uma riqueza de detalhes! – comenta Marly, acariciando uma das peças.

– Realmente, é uma obra-prima da nossa cultura. Esse hospital é composto por sete alas, todas elas destinadas ao tratamento de irmãos que tiveram o desencarne ocasionado por abusos.

– Como assim?

– Aqueles que abusaram da mente, da gula, do sexo e de outros vícios. Temos aqui cerca de 1.800 irmãos; quase um terço deles está dormindo.

– Dormindo? – perguntou ela. – O sono dos justos?

– Não, querida Irmã, o sono reparador, até se livrarem de cargas relacionadas com o abuso. Assim que tiverem condições de iniciarem a caminhada reparadora, eles receberão o amparo e o esclarecimento necessários.

Vendo que ela não entendia, Igor acalmou-a, dizendo para não se preocupar, que os esclarecimentos viriam aos poucos.

Depois de apreciarem as obras e algumas relíquias das igrejas de Ouro Preto, eles caminharam por enormes corredores e atravessaram o jardim das margaridas, que separa duas alas do hospital. Logo que entraram em uma sala, são saudados por Natal, o jovem da recepção.

– Em que posso ser útil, queridos Irmãos?

– Queremos conversar com o Irmão Natanael. Sabe onde poderemos encontrá-lo?

– Sim, ele acabou de entrar na ala Azul – disse o jovem, indicando o corredor que deveriam seguir.

Os dois caminham para o corredor e, à medida que o percorrem, veem que existem quartos imensos repletos de leitos, onde irmãos recebem auxílio. Igor, diante da surpresa no rosto de Marly, convida-a para entrar.

– Podemos?

– Sim, claro. Natanael se encontra logo ali.

Eles se aproximam de Natanael, que está fazendo um atendimento. Ele acena para esperarem um minuto, enquanto dá instruções ao enfermeiro sobre a medicação que deve ser ministrada.

Ele pega um frasco de medicamento na cor prata, ligado a uma sonda e o paciente que dorme um sono profundo começa a recebê-lo. À medida que o medicamento começa a entrar no corpo e percorrer as veias, Natanael explica que a substância elimina as energias negativas que existem na corrente sanguínea.

– Isso fará com que esse nosso irmão seja mais receptivo aos passes energéticos que aplicarmos.

– Mas o que são essas energias escuras que estão no sangue?

– Bem, na realidade, aqueles espíritos vampirescos deixam nos pacientes bactérias que se alimentam do resto de sangue deixado por eles. Elas aos poucos, vão destruindo o corpo espiritual, deixando-o deformado.

– Pelo que você está falando, há uma simbiose entre a mente do espírito e essas bactérias?

– Sim. Elas vão moldando o perispírito, deixando-o como o espírito quer. Esse medicamento tem a função de diluí-las; as energias são captadas nos momentos das preces realizadas todos os dias na praça.

– Então, assim que essas bactérias são destruídas, os passes e os medicamentos têm ação mais rápida?

– Exatamente.

Os três começam a visualizar o corpo enquanto o medicamento percorre as veias. Depois de algum tempo, Igor pergunta sobre Ismael.

– Ele está em um sono induzido?

– Sim, ele foi induzido a dormir pois, se permanecesse acordado, causaria desequilíbrio no ambiente, vindo a prejudicar os outros irmãos em situação idêntica à dele, já que eles se uniriam pela lei da afinidade.

– Ele vai demorar muito tempo para acordar? – perguntou Marly.

– Não depende de nós, minha querida, mas sim dele mesmo. Iniciamos há dois dias esse tratamento que acabaram de ver. Acompanhem-me.

Eles caminham por entre os leitos até que se aproximam do leito onde Ismael está. Ele tem alguns movimentos, como se recebesse choques. Marly fica assustada.

– Não se preocupe, minha irmã. Isso é normal. Ismael ainda está ligado ao ambiente em que vivia.

Marly se aproxima do irmão, toca sua fronte e começa a conversar com ele:

– Querido, sou eu, sua irmã. Você pode me ouvir?

Ele nada responde. Ela insiste, mas em vão. Olhando tristemente para Natanael, pergunta:

– Ele não consegue me ouvir?

– Sim, ele a ouve, mas escuta sua voz muito longe.

– Por que isso? Ele saiu bem de lá e, ao chegar aqui, ficou assim?

– A ligação mental, minha irmã. Ele ainda está ligado mentalmente ao amigo que lá deixou.

– Armando?

– Isso mesmo, ele tem alguns pesadelos, se posso usar esse termo.

– Como assim, Natanael? Eu não entendi. A ligação que existe entre os dois é muito forte?

– Sim. Então, Armando chama também por Ismael. Sente sua falta. Ismael vai ao encontro dele, e acabam realizando aquilo que seus corpos querem. Não podemos recriminar, minha irmã, porque há muitos séculos eles têm essa ligação, como você já pôde ver. O desejo que ambos sentem um pelo outro é muito forte.

– Mas é um sentimento carnal.

– Sim. Mas não podemos nos esquecer que, no fundo, os dois se amam, só que o Amor sublime foi soterrado pelo carnal, pelo desejo que hoje os dois sentem, e somente estão felizes se estiverem juntos. Algumas vezes, ele sai apavorado daqui e mentalmente se encontram. A ligação é tão forte que é impossível fazer a separação.

– Esses são os pesadelos? – perguntou ela.

– Sim, são esses os pesadelos. Se você puder observar, às vezes, seu corpo se contorce como se estivesse em uma relação carnal.

Ao ouvir aquelas palavras, Marly colocou as mãos no rosto e começou a chorar. Rapidamente, Igor se aproximou e a envolveu.

– Calma, minha irmã. Isso não será bom para ele. Mesmo em sono induzido, pode sentir sua tristeza e isso não será benéfico ao seu restabelecimento. Façamos uma prece.

– Perdoe-me. Descontrolei-me.

– Tudo bem, minha irmã. Isso acontece, afinal, temos sentimentos e não queremos ver aqueles que amamos sofrendo – falou Igor.

– O que eu posso fazer, Natanael, para acordá-lo desse pesadelo?

– Somente orações, minha querida. Aos poucos ele irá se recuperar. Ele já melhorou muito desde que aqui chegou.

Ela carinhosamente começa a acariciá-lo e, elevando os pensamentos aos Céus, pede a proteção de Maria Santíssima e sua falange de Espíritos protetores. Natanael observa que uma luz azulada provém do alto e envolve a todos. Aos poucos, os filhos de Maria se apresentam. E todos os leitos são envolvidos pela proteção e o Amor de nossa Mãe.

Capítulo XXXIV

Um Pedido

Os meses passam, mas dona Marly ainda está preocupada com o sofrimento de seu irmão. Pede a intercessão de Igor e de Cesário, para que seu irmão receba um tratamento nos trabalhos espirituais que são realizados no Centro Espírita Nosso Lar.

Após analisar o pedido, o irmão Cesário pessoalmente dirige a caravana de trabalhadores. E, em uma tarde de terça-feira, o grupo se desloca trazendo muitos espíritos que serão atendidos no Centro. Alguns são alunos do curso de doutrina e muitos são enfermeiros que estão acompanhando os irmãos que receberão ajuda.

Ismael, muito emocionado com a oportunidade que está tendo, foi preparado por Igor sobre o que ocorreria. As horas passam e eles ficam à espera dos trabalhadores que, aos poucos, se acomodam em seus lugares na sala. Como de costume, são lidos trechos de livros da doutrina. O trabalho se inicia.

O dirigente faz a prece inicial pedindo o amparo do Plano Superior para os trabalhos que serão realizados na noite. No momento em que o dirigente pede para que os trabalhadores vibrem uns pelos outros, uma forte corrente se forma, iluminando toda a sala.

O trabalho começa. Depois das palavras do Mentor espiritual, os atendimentos são iniciados e alguns sofredores são atendidos. Até que chega a vez de Ismael.

Ele chora, pedindo perdão pelo que fez, conta um pouco de sua vida, dos erros que cometeu. Diante do quadro, o dirigente dos trabalhos vem e começa a conversar com ele.

– Não se prenda aos erros cometidos. Lembre-se da oportunidade do arrependimento que Jesus está lhe proporcionando.

– Sim, mas eu preciso do perdão do meu sobrinho. Eu o amo muito, e não conseguirei viver sem o seu perdão.

Emocionado, ele pede ajuda e o dirigente o envolve em carinho, dizendo palavras de consolo.

– No momento certo, você encontrará com seu sobrinho e receberá dele o perdão.

– Preciso, o meu coração queima de remorso. Transformei o meu Amor em um sentimento vulgar.

– Tenha fé, meu irmão. Um novo caminho começa a ser trilhado por você a partir de agora.

Ismael termina sua comunicação e é envolvido em energias reparadoras. O grupo ainda permanece no ambiente ao fim do trabalho. Os médiuns saem do recinto; o tratamento no plano espiritual ainda prossegue, algumas equipes já estão se preparando para voltar.

O que Ismael não sabia é que Guilherme também estava recebendo ajuda naquele trabalho, mas o encontro ainda não seria possível. Feliz com a ajuda, eles voltam para a Colônia, e Ismael reinicia o tratamento.

Os dias passam, Marly acompanha a recuperação de Ismael e Guilherme, ao mesmo tempo, que cumpre toda a sua rotina no trabalho que desenvolve no hospital.

Sempre que pode, ela procura Igor para saber mais sobre seu filho.

– Por que não vamos lhe fazer uma visita?

– Se você puder me acompanhar, será um prazer.

– Então vamos, minha irmã – disse ele, dando-lhe o braço e saindo de sua sala, encaminhando-se para o outro prédio, onde está Guilherme. Logo que eles entram no quarto, são recebidos com um sorriso. Marly entra e fica feliz ao vê-lo.

– Que bom vê-lo acordado, meu filho.

– Olá, minha mãe, também estou feliz por estar aqui.

Ela o abraça carinhosamente. Depois, ele cumprimenta Igor. E, logo em seguida, pergunta por Flávio:

– E Flávio, mamãe, como está ele?

– Está bem, filho, estive conversando com Raul. Ele me disse que Flávio se recupera rapidamente.

– Gostaria de vê-lo. Quando poderei?

– Assim que você se recuperar meu filho. – disse ela.

– Mamãe, quando poderei visitar Silvia e Patrícia? – perguntou Guilherme.

– Filho querido, eu não sei dizer ao certo quando isso poderá acontecer. Dependerá de seu restabelecimento.

– Mas eu já estou bem, mamãe.

– Filho, acho que não expliquei bem, mas temos também o merecimento.

– E como devo agir para obter esse merecimento?

– Temos muita coisa ainda por fazer, o trabalho, o estudo, e também a nossa reforma. Tudo isso influi para que possamos ter o merecimento de visitar os nossos entes queridos na Terra.

– Nossa! Mas então vai demorar muito tempo. Estou com muitas saudades delas. Sabe, mamãe, eu não sei como lhe explicar, mas amo muito aquelas duas criaturas. Elas são para nós, digo, para mim e Flávio, muito importantes, é como se fossem pessoas às quais já estivemos ligados e que, por um instante, Deus colocou-as novamente em nosso caminho.

– É, você tem razão, meu filho, é isso mesmo que aconteceu.

– Então, nada aconteceu por acaso?

– Claro que não, meu filho. Lembra-se de quando você teve a ideia de registrar a pequena Patrícia?

– Sim, lembro-me bem, estávamos no parque, passeando com ela.

– Pois é. Nós estávamos ali, inspirando vocês dois a concretizarem aquela ideia. Era uma maneira de garantir às duas uma vida mais fácil, e também retribuir a elas o Amor que ambas dedicaram a vocês.

Os dias passam e nossos irmãos, Guilherme e Ismael, estão melhorando. Ismael despertou e iniciou um trabalho de adaptação na nova vida. Ainda apresentava certa dificuldade, mas já começava a fazer umas caminhadas pelas alamedas que margeiam o rio tranquilo que passa próximo ao hospital.

Sempre acompanhado de Cecília, uma jovem que o auxilia, ele fica admirado. A jovem aproveita e o leva para um local onde os alunos de música praticam seus instrumentos ao ar livre. É um teatro romano, cercado de escadarias ao redor, e um palco imenso, onde ficam um maestro e muitos alunos. A música invade todo o vale; o vento acaricia o rosto de Ismael, que se sente em êxtase.

– Chego a viajar nessa música, Cecília. Parece que vou voar.

– Como um anjo?

– Não, as minhas asas foram quebradas – diz ele, sorrindo e fazendo o movimento como se fosse voar e não conseguisse.

A jovem ri da brincadeira que ele aprontou.

– Estamos longe de sermos anjos. Precisamos sempre de outra asa para poder voar.

Ele se lembrou de Armando, que, por muitas vezes, dizia as mesmas palavras. Vendo o semblante dele mudar, ela rapidamente o apoiou e perguntou:

– O que aconteceu? Não está se sentindo bem?

– Não! Estou bem. Não se preocupe.

"Onde estaria Armando?", perguntou ele em pensamento.

Logo, alguém se aproximou e respondeu:

– Ele já está sendo auxiliado, meu querido.

Ao ouvir aquelas palavras, Ismael vira-se e vê Igor logo atrás deles, sorrindo.

– Bom-dia! – disse Igor.

– Bom-dia! – responderam ambos.

– Leu o meu pensamento, Igor? – questionou Ismael.

– Sim, estou aqui justamente para lhe dar essa notícia. Armando já foi recolhido.

Capítulo XXXV

Chamando por Armando

Ismael escutou o relato de Igor sobre o socorro que foi prestado ao querido Armando.

– Ele foi visto por várias vezes rondando a muralha que circunda nossa Colônia. E, da última vez, ele começou a gritar pelo seu nome. Seu estado dava pena. Ele foi expulso do local onde estava. Depois de sua saída, nossos agentes começaram a fazer um trabalho de resgate.

– Como assim, ele foi expulso?

– Ele não conseguia atingir a meta estipulada pelo Monsenhor Gregório. Ele, deixando-se influenciar, perdera o controle dos seus tutelados, depois de sua saída. Por muitas vezes, foi resgatado por nossas equipes, mas, antes de conseguirmos voltar para a Colônia, teve recaídas. Os espíritos que o acompanhavam ficavam lhe chamando. Eles usavam de todos os meios para prendê-lo. O desejo por sexo era maior e ele acabava por se deixar vencer.

Quando Gregório ficou sabendo que ele rondava nossas muralhas, pessoalmente designou uma equipe de resgate. Isso aconteceu por duas vezes, sendo que, na última, nossa equipe foi impedida de entrar na região do mosteiro. Fomos atacados pelos guardiões de Gregório.

Houve uma batalha, mais parecia uma guerra das cruzadas. Nossos irmãos que defendem nossas muralhas foram chamados para proteger os trabalhadores, mas a legião de Gregório, em número maior, praticamente envolveu todo o mosteiro.

– Mas chegaram a guerrear?

– Como você pode imaginar, muitos dardos venenosos foram lançados sobre nossos soldados. Os escudos e as barreiras de energias bloquearam muitos dos ataques. Mas, como sabe, temos também alguns soldados que estão em processo de reparação. Alguns não conseguiram vencer, e acabaram sendo resgatados pela equipe de Gregório.

– Nossa! Então nem todos os que estão à frente em uma batalha entre o bem e o mal estão preparados?

– Querido, imagine as nossas imperfeições. Se nós temos nossos momentos de fraqueza, imagine aqueles que estão no limite das zonas. Estão mais falíveis.

– Mas onde estava Armando nesse momento?

– Armando encontrava-se dentro do mosteiro, sendo assediado por espíritos os quais ele esteve por muito tempo perseguindo. Ele exercia sobre eles uma liderança. Sob suas ordens, eles viveram muitos anos a fio. E, quando sentiu que perderiam um líder, o grupo se uniu e tentou segurá-lo.

– E como ele conseguiu vencer toda essa obsessão?

– Meu amigo, as preces de sua irmã foram de muita ajuda para esse resgate. Por várias vezes, ela se apresentou e o ajudou pessoalmente.

– Nossa, eu não tinha ideia do carinho existente entre eles – disse Ismael.

– Meu querido irmão, o passado só é revelado na hora certa. Há, sim, uma ligação muito grande entre todos nós. Por isso, sua irmã se dedicou pessoalmente no resgate de vocês.

– E onde está ele? Posso vê-lo?

– Ainda não, ele está em uma Colônia próxima daqui, coordenada pelo nosso diretor, que fica nas redondezas de nossa Colônia. Mas o importante é que ele está sendo tratado.

Ismael iniciou seu processo de recuperação. Enquanto isso, Armando era mantido adormecido. Uma cápsula o protegia dos ataques de energias do pensamento de todos aqueles que ele havia desviado e que pediam a sua volta. Os espíritos afins não sabiam que ele estava ali. Desconfiavam que ele recebia ajuda, mas, como não podiam entrar na Colônia, ficavam rondando, sem obterem sucesso.

Seu perispírito estava todo desfigurado, por causa das energias que o iam devorando. Seus órgãos também estavam deformados. Um manto cobria seu corpo para não impressionar aqueles que se aproximavam. Ele era mantido por aparelhos que o impediam de receber os pensamentos externos.

Armando permaneceu durante muito tempo recebendo proteção e tratamento. Aos poucos, ele tem alguns momentos de consciência. Acompanhado de trabalhadores, ele é trazido para um trabalho espiritual. É chegado o momento de reencontrar com o seu passado.

Ele foi envolto em um lençol para não mostrar como o seu corpo espiritual estava deformado, e assim foi trazido. A ligação foi feita mentalmente, enquanto recebia energias aplicadas no seu perispírito, devolvendo sua forma. Para o restabelecimento completo, teriam que ser feitas muitas aplicações.

Mentalmente, ele é ligado ao médium. No momento apropriado, ele inicia a comunicação. Uma irmã começa a conversar com ele:

– Eu preciso do perdão de Ismael. Por favor, traga-o até mim. Não suporto mais viver naquele local onde estou. Não suporto mais sentir o peso da minha consciência pelo que fiz a ele. Eu o contaminei, acabei com sua vida. Ele queria ser padre, aos poucos eu o envolvi, primeiramente com o intuito de ajudar e, depois, me evolvendo com os seus sentimentos sinceros. Mas eu o amei. Eu o matei, preciso do seu perdão. Ele está sendo ajudado, e eu estou aqui, ouvindo esses gemidos; gemidos que eu provocava nas outras pessoas, nos outros seminaristas. Eu estou ficando louco.

– Agora você está em um local recebendo ajuda. Em um pronto-socorro espiritual – falou a irmã que o orientava. – Nós temos uma equipe que nos ajuda. Vamos pensar em Jesus, que tanto nos ajudou e está presente no meio de nós. No momento em que a gente se arrepende, a proteção de Deus cai sobre nós. Você será tratado. Receberá ajuda para sair desse sofrimento.

– Sabem quantas vezes eu tentei impedir a entrada da sua equipe no mosteiro das sombras? – perguntou ele. – Muitas, porque eu não queria que Ismael fosse resgatado. Eu não queria.

– Porque houve merecimento da parte dele. Houve o desejo dele, por isso, aconteceu, se não ele não seria resgatado. E agora é você que está sendo nesse momento – falou a orientadora.

– Quantas vidas eu desviei! Quantas vezes eu tive a oportunidade de, em nome do Cristo, defendê-lo. E o que eu fiz?

– O importante é que você reconhece os seus erros, meu irmão.

– Preciso do perdão de Ismael – insistia ele.

– Ele já o perdoou.

– Não, ele não me perdoou, ele está de costas para mim, não me olha.

Nesse momento, Armando via Ismael em uma tela a sua frente, e este estava atendendo aos irmãos no local onde ele trabalhava. Por isso, Armando o via de costas. O dirigente do trabalho se aproxima e diz:

– Primeiro, você precisa saber e consertar o que fez de errado. Não há outra maneira, você não quer o perdão dele? E poder ajudar a reconstruir o caminho, meu querido?

– Então, eu não posso ficar com ele? – questionava Armando chorando.

– Você tem que seguir, se reformar, consertar o que for necessário, se cuidar.

– Eu não posso me mostrar como estou – falou ele, referindo-se ao seu corpo deformado pelos excessos que praticara.

– O que você precisa é parar de reclamar. O que aconteceu, não tem mais volta. Você precisa retomar o caminho e ajudar aqueles a quem prejudicou. Isso é o perdão que deve acontecer.

– O autoperdão? – perguntou ele.

– Pode ser. Você vai ficar em paz com sua consciência. O que você acha?

Depois de algum tempo, Armando falou:

– Se é esse o caminho que tenho que seguir para conseguir o perdão de Ismael, eu irei.

– Esses companheiros indicarão o caminho que deverá seguir, consertando o erro. Atenda ao pedido desses companheiros e verá como será bom para você.

– Eu lhe agradeço e peço desculpas por, tantas vezes, eu ter tentado impedir a entrada de vocês lá.

– Você fez porque não conhecia. Agora não vai fazer mais – falou o dirigente.

– Se é esse o preço que tenho que pagar pelo que fiz...

– Não é preço, e sim a paz de consciência.

Despedindo-se, Armando é adormecido e retirado, retornando rapidamente para o local onde o seu corpo espiritual estava, na redoma de vidro. Ali ele permanecerá ainda recebendo o tratamento de que necessita. Ele ainda ouve gritos, sussurros e gemidos de suas vítimas sexuais, seu corpo ainda se contorce.

Distante dali, Ismael desenvolvia a sua tarefa, cuidando daqueles espíritos que permaneciam dormindo, enquanto recebiam os tratamentos necessários, até terem condições de despertarem. Não fosse assim, eles perturbariam toda a atmosfera de paz que reinava naquele local.

Capítulo XXXVI

O Encontro com Guilherme

Os trabalhos estão seguindo adiante. Muitas equipes recebem novas atribuições. Dentre elas, encontramos a equipe de Bruno, jovem que se destaca em tudo o que faz. Quando encarnado, era um atuante nas artes cênicas e, depois que voltou à pátria espiritual, logo que se recuperou, foi trabalhar com aqueles irmãos que se dedicaram às artes.

Hoje, o jovem chefia uma equipe de jovens músicos, atores, escritores e jornalistas, ao total são 15 pessoas. A alegria é muito grande quando o grupo se reúne. Em tudo o que fazem, a música está presente, é o elemento importante no tratamento de seus pacientes.

Nesse grupo, encontramos, Flávio, Monica, que foi jornalista, e Ângelo um escritor. Eles trabalham resgatando os irmãos que se perderam nos vícios, envolvidos nos sonhos que a noite lhes proporcionava.

Depois de uma tarde de estudos sobre as novas ações, Flávio caminha ao lado de Monica em direção ao anfiteatro.

À medida que estão se aproximando do local, a música invade-lhes a alma. Muitos irmãos são levados em cadeiras de rodas; outros, amparados por parentes e amigos; algumas crianças conduzidas por tias das escolas infantis para assistirem a uma apresentação do coral Filhos de Maria.

O local está todo enfeitado. Existem várias faixas de tecidos coloridas penduradas, contornando todo o teatro. Muitas pessoas lá estão. Alguns músicos executam obras clássicas preparando o ambiente. Todos estão felizes. Flávio, acompanhado de Monica, é saudado por outros companheiros do grupo assim que chegam. Procuram um lugar para se acomodarem.

Flávio vê ao longe algumas pessoas conhecidas, e seu coração fica radiante de felicidade quando consegue, no meio da multidão, encontrar dona Marly. A felicidade começa a brilhar em seus olhos, que procura por Guilherme. Não demora, e ele o vê, fica emocionado, segura a mão de Monica e diz:

– Ele está aqui, Monica.

– Quem está aqui? – perguntou ela.

– Guilherme! – respondeu ele sorrindo, fazendo menção de levantar e ir ao encontro dele. Mas Monica o puxa, fazendo-o sentar.

– Acalme-se, já está começando a apresentação.

Ao início da apresentação, energias vindas do alto invadem todo o ambiente. Das bocas dos integrantes do coral, à medida que vão interpretando as canções, saem feixes de luzes em forma de espiral. Todos eles estão com uma vestimenta azul-claro, que emite luzes também.

Aqueles que recebem tratamento, no instante em que estão assistindo à apresentação, são auxiliados pelos enfermeiros, que manipulam as energias e as redirecionam para os chacras. Flávio percebe que, em determinado momento, alguns espíritos começam a volitar. Ele, curioso, começa a prestar mais atenção. De onde vêm aqueles seres que mais parecem anjos alados?

Eles surgem dos feixes de luzes que vêm do alto e se aproximam de alguns grupos que recebem tratamentos. Eles derramam pétalas iluminadas que, ao toque com o corpo, acabam por se desfazerem. Muitos que ali estão não conseguem perceber o que ocorre. Flávio a tudo está atento. É muita beleza acontecendo naquele momento. Seu coração está em êxtase. Não vê a hora de terminar e poder ir ao encontro de seu companheiro.

Muitas vezes, Monica olha para o amigo, e seus olhos estão direcionados para Guilherme.

Enquanto isso, sem saber da presença de Flávio, Guilherme consegue captar o seu pensamento em forma de lembrança. Uma saudade invade seu peito, principalmente quando o coral começa a cantar "Como é grande o meu amor por você". Essa música marcou a vida dos dois.

Guilherme recordou muitos momentos de carinho e também de tristezas vividos pelos dois, nos quais o outro vinha, abraçava o companheiro e começava a cantar essa canção.

Lágrimas de saudades brotam do coração de Guilherme. Sua mãe, encantada com o espetáculo, olha para o filho nessa hora, vê a emoção que ele está sentindo e pega a mão de Guilherme e a beija carinhosamente.

Guilherme apenas fecha os olhos e deixa que lágrimas rolem por sua face.

"A dor da saudade, como dói no peito", pensava ele. *"Por que Flávio não veio visitá-lo? Será que tinha esquecido?"*

Vendo que o filho questionava, ela o abraça e, nos ombros da mãe, ele chora.

– Mãe! Que falta sinto dele. Não estou suportando guardar esse sentimento aqui dentro do peito!

– Filho querido, pode chorar. Tire de seu peito essa saudade. Filho! Deus nos dá o Amor para ser vivido em todos os sentidos. Essa semente que Jesus plantou em nós um dia germinará em todos os corações. Ela já germinou no seu e, a cada dia, ela cresce mais ainda. Por isso, não tenha vergonha de externar esse sentimento tão lindo que você possui em seu coração.

– Mãe, por que ele não veio me ver? Esqueceu-se de mim?

– Não, filho. Não pense isso dele. Já lhe falei, ele está trabalhando. O encontro de vocês dois será em breve.

Ao término da apresentação, que durou cerca de duas horas, todos aplaudem emocionados. Um grupo de crianças sobe ao palco e entrega flores aos participantes do coral.

Aos poucos, as pessoas começam a sair do anfiteatro. Os olhos de Flávio perdem Guilherme, ele fica desesperado buscando na multidão a figura do companheiro.

Eles estão saindo. Monica vê a tristeza misturada com a ansiedade do amigo e lhe diz:

– Flávio! Acalme-se. Você irá encontrá-lo. Vamos andar mais devagar e prestar atenção nas pessoas.

Alguns minutos se passam, e nada de encontrar. Pelo imenso jardim, algumas pessoas ainda caminham, observando a beleza do lugar. Flávio visualiza, no alto da colina duas pessoas a caminharem por entre as árvores. Ele reconhece o amigo. Seu coração dispara, bate descompassado e, emocionado, ele corre em direção ao casal. Ele tem certeza de que são eles.

Monica começa a rir ao ver que ele está correndo e subindo a colina. Flávio grita para Guilherme:

– Guiiiiiiiiiiiiiiiiiii.

Guilherme ouve alguém chamá-lo e virando-se para a mãe, diz:

– Mãe, é ele, Flávio, ele está me chamando.

Dona Marly sorri e diz ao filho:

– Tem certeza, filho?

– Sim, minha mãe, é Flávio que está me chamando.

– Então vá ao encontro dele – diz ela. – Vocês estão esperando isso há muito tempo. Vai, meu filho!

Guilherme parou e voltou-se para o local de onde vinha o grito. Seus olhos brilharam. Iniciou, então, a descida em direção a Flávio, que estava subindo. Quando eles se aproximam, Flávio, com os braços abertos, espera pelo amigo, que caminha sorrindo para receber o abraço tão esperado.

Os corações estão felizes. Um abraço apertado e cheio de emoção, cheio de Amor. Os dois não falam nada, apenas ficam abraçados por um longo tempo. Depois, aproximam-se dona Marly, a mãe de Guilherme, Raul, Luzia e Neusa, os pais de Flávio.

Todos estão felizes pelo reencontro de seus filhos. Flávio beija os olhos do companheiro banhados em lágrimas de saudade e de felicidade. Guilherme acaricia o rosto de Flávio.

– Senti muito a sua falta, meu querido.

– Eu também não via a hora do nosso encontro e de poder dizer o quanto amo você, o quanto senti sua falta – disse Flávio.

Os pais se aproximam mais e Raul diz:

– Meus filhos! Que Deus os abençoe.

– Pai! O senhor aqui!

– Sim, meu filho, não poderia deixar de comparecer, afinal, esse momento era esperado por nós.

– Esperado por nós? – perguntou Guilherme, sorrindo para sua mãe.

– Sim, meu filho, nós sabíamos que iria acontecer, para ser franca, os trouxemos aqui hoje justamente para esse encontro – disse dona Marly.

Eles começam a rir.

– Então todos vocês estavam de conchavos? – perguntou Flávio, rindo.

– Digamos que nós demos uma mãozinha – falou Luzia, sua mãe. – Filho querido, a finalidade da nossa existência é caminhar para a evolução. E o sentimento de Amor é o único caminho que fará com que o homem deixe o seu orgulho, sua vaidade. Esses defeitos, meus filhos, impedem de ver que existe um Criador, um Pai que é todo Amor e Justiça.

Quando aceitarmos que acima de nós existe um Ser que nos criou simples e ignorantes, e que, apesar de todos os nossos erros, continua a nos amar e nos dar novas chances para crescer, veremos que não adianta ficarmos enraizados em coisas passageiras. O apego ao materialismo, o orgulho nos impedem de ver a realidade, o sentimento de posse que muitos exercem sobre outras pessoas, tudo isso retarda a evolução do homem. E aqueles que assim pensam acabam ficando para trás.

Quantos homens ficam uma existência toda construindo algo de material, como se isso, deixado para a humanidade, significasse algo para o Pai. Não digo que não significa. A preocupação maior deveria ser a construção que o Espírito faz em si mesmo, as conquistas morais e a caridade exercida com aqueles seres que se encontram caídos ao longo da jornada, sedentos por uma mão estendida, por um gesto de amor.

Depois de uma pausa, Raul complementou:

– Filho, a razão de estarmos aqui é para comemorarmos o nosso reencontro.

– Estou feliz, meu Pai, com essa surpresa.

– Nós também – disse Raul. – Mas o reencontro a que me refiro, meu filho, é porque, por muitas existências, nossos caminhos se cruzaram e, a cada nova experiência, o nosso Amor foi se tornando mais forte.

– Pai! – disse Flávio, pegando na mão de Guilherme. – Eu preciso lhe contar algo muito importante, e que não tive oportunidade de lhe dizer.

Raul permaneceu calado enquanto Flávio se aproximou dele e lhe abraçou.

– O senhor sabe o quanto o amo e como foi importante para mim. Fiquei feliz quando soube que era o meu pai. Ainda guardo em minha mente os conselhos e nossas conversas, como se fosse ontem. Mas tenho que lhe contar algo sobre a minha vida, o que aconteceu comigo depois que o senhor partiu, no momento em que encontrei Guilherme e o sentimento que passei a sentir por ele.

– Filho, eu sei de tudo. Você nunca esteve sozinho na sua caminhada. Eu e sua mãe, ou sua tia, sempre o acompanhávamos, participamos em todos os momentos, de alegria e de tristeza. Você não tem que me falar nada, filho. Sei do elo que une você ao Guilherme. É um Amor verdadeiro, o mesmo Amor que existe entre nós todos aqui.

– Mas, pai, o fato de nós...

– Filho querido, quem sou eu para julgar? Não sou ninguém. Sou um espírito a caminho da evolução. Caminhei apenas alguns milímetros na escala evolutiva. Só quem julga é Deus. Ele sabe do Amor, dos problemas pelos quais vocês passaram e quando se reencontraram e esse Amor aflorou. Eu fico feliz, a nossa união tem que ser baseada nisso, filho! No Amor!

Diante das palavras de Raul, Flávio o abraça fortemente.

– Obrigado, meu pai, pelo seu Amor – fala ele, emocionado.

– Filho, eu é que agradeço a Deus por ter colocado sua mãe no meu caminho e ter tido você como filho.

Eles se confraternizam; uma grande família está se reunindo novamente, faltando alguns para se juntarem ao grupo. Neusa abraça sua irmã, emocionada. Luzia corresponde beijando-a e diz:

– Obrigada, minha irmã, por ter educado e ensinado ao meu filho o valor do verdadeiro sentimento chamado Amor.

Capítulo XXXVII

Como Podemos Viver o Nosso Amor?

Diante de tanta felicidade e Amor que envolviam a todos naquele instante, Raul os convidou para fazerem uma prece em agradecimento a Jesus. Aproveitando a beleza do local, todos se sentaram no gramado. O grupo deu as mãos e Marly iniciou uma prece emocionante.

Uma névoa esverdeada envolveu a todos os amigos, que formaram um círculo e, no meio, ficaram Flávio e Guilherme. À medida que a prece era feita, o perispírito de ambos se moldava à forma antiga como Gina e André, o casal apaixonado que viveu no Rio Grande do Sul e, que, agora pode reviver um grande Amor.

"Querido Irmão Jesus Cristo, diante do momento pelo qual passamos só temos a Lhe agradecer sua infinita bondade, pela oportunidade de estarmos unidos formando nossa verdadeira família. Obrigado, Senhor, pela oportunidade que todos tivemos em nossa última experiência na Terra. Esses dois filhos, Mestre Amado, foram com uma missão preestabelecida de vencer alguns obstáculos. Com a dádiva do Pai Eterno que nos possibilita o livre arbítrio, esses dois irmãos mostraram aos homens

outra forma de amar, venceram os preconceitos e sofreram humilhações. Mas, diante de tudo o que passaram, não deixaram que o verdadeiro Amor que sentiam um pelo outro fosse maculado. Mesmo contrariando os costumes de uma sociedade, que anda cega, perdida, vivenciando meras ilusões passageiras, eles deixaram uma pergunta para a qual só o tempo trará a resposta: quantas formas existem de Amor?

Mestre Querido, dê a força e suas bênçãos a esses irmãos que doravante irão trabalhar no resgate de outros que ainda estão perdidos pelas escuras ruas da ilusão, buscando um brilho que somente o seu Amor verdadeiro poderá lhes dar."

O Amor que os unia era tão forte que, aos poucos, eles puderam ver ali a pequena Patrícia e Silvia. A empregada que um dia surgiu na vida dos dois pedindo uma oportunidade de trabalho, e acabou fazendo morada em seus corações.

Emocionados, Gina e André as envolvem. Depois, André, olhando para todos, pergunta:

– Como poderemos viver o nosso Amor em plenitude? Será que um dia a humanidade aceitará as diferentes formas de amar? Será que o preconceito de ser filho adotivo, ser negro, ser velho acabará? Poderão um dia duas pessoas do mesmo sexo constituir uma família? Diminuir o grande número de crianças abandonadas que necessitam de Amor, de aconchego, de um lar?

Marly olha para André e fala em nome do grupo:

– O Amor em plenitude, meu filho, estamos muito longe de vivê-lo enquanto a humanidade tiver ódio, vaidade e preconceito latentes em seus corações. Jesus um dia falou que conheceríamos a Verdade e ela nos libertaria. Mas isso só acontecerá, meus filhos, quando o homem retirar a trave que o impede de ver os seus defeitos e só o faz enxergar os defeitos dos seus irmãos. Quando o nosso Planeta for de regeneração, viveremos o início desse sentimento sublime que é o Amor sem barreiras. Somente em Mundos Superiores é que os Espíritos vivem um Amor em plenitude.

Emocionado, Raul se aproxima dos dois e os abraça carinhosamente. Silvia e Patrícia, desligadas do corpo físico, estão felizes por aquele encontro. A pequena, radiante, é carregada pelos dois, agora Gina e André.

– Agora eu entendo por que sentia tanto Amor por vocês duas – disse Gina olhando para Silvia, que vinha se juntar ao grupo.

– Obrigada meu Deus, pela força que nos deu e também por ter colocado pessoas em nossos caminhos que foram importantes e, sem saberem nos ajudaram a cumprir uma parte da nossa missão – continuou Gina.

A emoção era visível nos olhos de todos. Depois de desfrutarem daquele momento, Silvia e Patrícia retornaram ao corpo físico.

Algumas horas se passam, a pequena Patrícia acorda radiante. Vai até a cozinha, onde sua mãe prepara o café.

– Bom-dia, minha filha.

– Bom-dia, mamãe.

– O que faz com a foto de seus pais? – perguntou Silvia, vendo que a menina tinha junto ao seu peito a foto de Flávio e Guilherme.

– Mamãe, hoje eu sonhei com o papai Gui e o papai Flávio.

– Sério, minha filha? Que interessante.

– Eles eram iguais, mas depois ficaram diferentes.

Silvia abraçou a pequena, emocionada, relembrou do sonho que também tivera.

– Não importa, filha, a forma em que eles estavam e sim o Amor que eles sentem por nós.

– Mamãe! – disse a pequena, limpando os olhinhos. – Eu amo muito os meus pais.

– Sei, filha, que seu Amor é muito grande, o meu também. Agora, o que acha de ir escovar os dentinhos, lavar o rostinho, pentear seus cabelos e ficar bem bonita, enquanto a mamãe termina de preparar o nosso café?

– A senhora vai me levar para passear no parque hoje?

– Hoje?

– Sim, é sábado, me leva no Ibirapuera, mamãe? Estou com saudades.

Depois de algumas horas, as duas caminhavam pelas alamedas do parque. O dia estava radiante, o Sol, já alto entre as nuvens. Os pássaros cantavam e as crianças brincavam. Casais andavam de mãos dadas, outros brincavam com os filhos.

As duas caminhavam por entre eles e, em seus corações, uma certeza: se eles estivessem vivos, estariam com elas. Nesse instante, em espírito, eles caminhavam ao lado das duas, e Flávio se aproxima da pequena e diz:

– Quem disse a você que perderíamos a chance de passear com vocês?

– Papai Flávio? – gritou a menina, feliz.

Nesse instante, Silvia vê a figura dos dois ali ao lado, sorrindo. Feliz, Silvia caminha com a filha, dizendo:

– Filha, eu acho que eles ouviram os nossos pedidos.

– Claro, mamãe, eles estão aqui, um de cada lado – e saltitava de alegria.

Assim, os quatro se misturam por entre as pessoas que estão passeando no Parque do Ibirapuera. Espíritos simpáticos que, por muitas vidas, trilharam o mesmo caminho e, agora em planos diferentes, continuarão a se amar pela eternidade.

Capítulo XXXVIII

O Perdão

Flávio continua no trabalho de resgate, com o grupo de socorristas aos drogados. O Amor que o corpo físico pedia, ou seja, o desejo do toque e das sensações as quais eles sentiam e que foi condenado por muitos, transformou-se em sublime. A troca de carinho e de energia acontecia no abraço, no olhar, nas palavras entre os dois, não havendo mais a relação sexual. Ambos sabiam que a sublimação do Amor é uma meta que todos devem buscar, e eles estavam a caminho.

Mas seus pais ainda tinham que tratar de dois casos. Custódio, que estava sendo amparado por Neusa, a tia-mãe de Flávio, e o drama de Ismael, o tio de Guilherme. Ambos estavam precisando do perdão e, para isso, eles contam com a ajuda e a experiência de Igor.

Neusa e Raul começam a preparar Flávio para o reencontro com Custódio. Numa bela tarde, depois da oração das 18 horas, Raul convidou seu filho para fazer uma caminhada no jardim. Depois, resolveram ir até a capela, onde iriam esperar para conversar com o padre Cícero, que era um grande amigo e que tinha feito o batizado de Flávio.

Quando eles entraram na capela, encontraram algumas pessoas que estavam à espera do padre. Enquanto esperam sua vez, leem algumas mensagens e se deleitam ao som de uma música suave. Os raios de sol atravessam os vitrais coloridos, com pinturas que representam algumas passagens do Cristo, pintados por grandes artistas. Flávio ficou admirando os vitrais e, olhando para seu pai, disse:

– Papai, essas pinturas são maravilhosas! Parecem ter vida própria!

– Sim, as pinturas que temos aqui são mais vivas. Aquelas que estão na Terra, todas elas são cópias, digamos que malfeitas – disse seu pai, sorrindo.

– Malfeitas, papai?

– Sim, meu filho, os nossos artistas da Terra não conseguem expressar com fidelidade as obras que eles veem aqui.

Raul ainda continua explicando ao filho as obras de arte que ali estão. Até que uma senhora, dirigindo-se a eles, diz:

– O padre está esperando por vocês.

Eles se dirigem à sala onde um velho padre os aguarda. Assim que entram, o velho padre, levantando-se, vai até eles, sorrindo e diz:

– Boa-tarde, meus filhos!

– A sua bênção, padre Cícero.

– Deus os abençoe, meus filhos. Que Nossa Mãe Santíssima os envolva em seu Manto de Luz. Sejam bem-vindos!

– Podemos conversar com o senhor?

– Claro, Raul, eu já esperava por vocês. Ontem, Neusa veio falar comigo e me pediu que os recebesse.

O padre chamou-os para sentar próximos a ele e, depois de acomodados, abriu a Bíblia e leu uma passagem, onde Jesus dizia ao apóstolo Pedro da necessidade de se perdoar 70 vezes 7. Flávio ouvia a tudo calado, mas, em seus olhos, via-se um brilho. Naquele momento, todos eram envolvidos pelas energias do ambiente e pela música que ecoava do alto da cúpula.

– Meus filhos! Jesus deixou o exemplo sublime da necessidade de perdoarmos os nossos ofensores. Ele mesmo falou que todas as vezes que fôssemos oferecer algo no altar, se tivéssemos alguma mágoa no nosso coração contra alguém, primeiro teríamos que fazer as pazes com o irmão e, depois, voltar para deixar nossa oferenda. Isso, meus filhos, porque Deus criou todos os filhos iguais. E nos deu a oportunidade de caminhar juntos rumo à perfeição.

– Mas como ser perfeito com tantas imperfeições que ainda temos em nosso coração? Até quando vamos continuar a duelar, com armas, palavras e pensamentos? Por que não tirar a armadura que envolve o nosso coração, para deixar que Jesus possa fazer morada?

– Jesus, no Jardim das Oliveiras, ordenou a Pedro que guardasse a espada, dizendo que aquele que ferisse um irmão seria também ferido. Os exemplos de Jesus são muitos, meus filhos. Em todos, Ele prega a lei do Amor e do Perdão.

À medida que o padre Cícero ia falando, o coração de Flávio ia sendo tocado. Raul apertava a mão do filho, dando a ele força, ao ver que estava emocionado e totalmente envolvido pelas energias de Amor que emanavam do coração do padre. Nesse instante, Custódio é trazido por Neusa e Luzia que, cabisbaixo, se aproxima. As duas mães de Flávio sorriam e também envolviam o filho querido em energias de paz e amor. Muita proteção havia naquela sala. O padre, ao perceber que a emoção contagiava a todos, começou a rezar a oração que Jesus nos ensinou.

Custódio, quando chegou diante de Flávio, ajoelhou-se e, emocionado, deixando que o seu coração falasse, pediu:

– Flávio, por Jesus, perdoe-me. Não consigo viver em paz tendo esse sentimento de remorso me corroendo o coração. Preciso do seu perdão para prosseguir minha caminhada! – implorava ele, chorando. – Sei que errei em muitas oportunidades com você.

A emoção tomava conta de todos que assistiam à cena. Viam a dor e o remorso implorarem, pelo ato mais sublime que nosso coração pode dar: o Perdão.

– Fui um ignorante que não soube aproveitar o Amor em que sua mãe me envolvia. Se eu errei, foi por amá-lo egoisticamente, e trazer nas minhas lembranças coisas do passado. Nada me aliviará a consciência, a não ser o seu perdão! Deixe que eu lhe mostre o meu verdadeiro sentimento, meu irmão – ele não conseguia mais falar, tamanha era a sua emoção. Depois de um tempo, continuou:

– Perdoe-me pelo crápula que fui. O monstro que lhe envolveu nos braços e o fez sofrer. Eu falhei como pai. Pedi a Deus a oportunidade de tê-lo como meu ente mais próximo, e acabei por distanciá-lo ainda mais do meu coração. Sei que terei que pagar por esses erros.

Flávio ouvia tudo calado. Lágrimas rolavam de seus olhos. Luzia se aproximou do filho, pegou sua mão direita e disse:

– Filho! Precisamos do perdão para que todos nós possamos seguir em frente.

Neusa também se aproximou, pegou sua outra mão e falou:

– Meu filho do coração, eu pedi tanto a Deus para poder tê-lo nos meus braços. Agradeci quando isso aconteceu, sabia das dificuldades de reconciliação entre você e Custódio. Mas não perdi minhas esperanças de que esse dia chegaria. Minha fé é que me dava força para continuar na luta. Deus sabe que, no coração de ambos, existe a bondade e existe o amor, só que de uma forma diferente. Ele está sufocado pelo sentimento de ódio, meu filho.

Dizendo isso, ela abraçou Flávio, que chorava. Enquanto isso, Luzia levantou Custódio e o abraçou. E, depois, olhando para Flávio, disse:

– Meu querido filho! Jesus espera por nós, e nossa caminhada pode começar hoje. Perdoe, meu filho, esse irmão que errou com você no passado! Todos nós erramos. Estamos juntos para saldarmos essas dívidas.

Raul, olhando nos olhos do filho, falou:

– Filho querido! Temos que seguir juntos. Novas oportunidades serão dadas a nós. E Custódio será o primeiro a retornar. Por isso, filho, é importante que a nossa família se una novamente.

Diante daquelas palavras, Flávio caminhou até Custódio e o abraçou. Todos ficaram emocionados quando Custódio, depois, ajoelhou-se novamente e beijou as mãos de Flávio, pedindo perdão.

– Eu voltarei antes, meu filho, juntamente com sua mãe Luzia, e os receberemos como filho, só que dessa vez eu o alimentarei em meu seio, e juro para todos aqui e também a Jesus que amarei você para sempre.

– Que Jesus possa realmente nos iluminar! Sei que também errei em muitas oportunidades, por isso, também lhe peço perdão – disse Flávio, ajoelhando-se também e abraçando-o.

Diante de tanta emoção, Neusa começa a prece direcionada a Nossa Mãe Santíssima.

– Ave Maria, cheia de graça... – todos, emocionados, ajoelham-se e continuam a oração.

Enquanto isso, padre Cícero volita uns centímetros do chão e derrama pétalas douradas sobre todos.

– O perdão, meus filhos, é o passaporte para a nossa caminhada evolutiva. Jesus espera por todos nós e, agora, com o nosso coração puro, sem mágoas e sem máculas, caminharemos em direção ao Mestre Amado.

Mais um drama tem seu final feliz.

Capítulo XXXIX

O Amor Venceu

Guilherme caminhava pelos corredores do hospital, à procura de seu instrutor, quando entrou em uma ala onde havia alguns irmãos trabalhando. Ele andava entre os leitos e, olhando a sua frente, viu um trabalhador cuidando de um irmão que tinha o corpo deformado e soltava uma espécie de baba em grande quantidade pela boca. Ele ficou observando o carinho com que esse trabalhador o limpava. E, aproximando-se devagar, parou a pouca distância, para poder ouvir.

O irmão pedia a Deus para lhe dar forças para o trabalho diário enquanto executava a operação de limpeza.

"Senhor Jesus, dai a força necessária para que eu possa realizar minhas tarefas com Amor e dedicação. E que esse irmãozinho possa se recuperar."

Guilherme notou que, de suas mãos, saía pequena quantidade de energia, que se misturava com o líquido pastoso expelido pela boca daquele paciente. Com muito carinho, o funcionário ajeitou sua cabeça, para que expelisse mais daquelas impurezas e, rapidamente, pegou outro pano para proceder à limpeza.

Aquele ser tinha o rosto desfigurado, os olhos esbugalhados, as narinas deformadas e os lábios, muito grandes e inchados. Tudo isso em consequência do excesso de drogas que havia usado e que acabou por deformou o seu perispírito.

Guilherme ficou observando, estático, aquela cena. Ao ver a dedicação daquele funcionário, começou a vibrar também. Depois de alguns minutos, o funcionário trocou a vestimenta do paciente e o cobriu novamente com um novo lençol.

À medida que realizava seu trabalho, sempre orando, com o pensamento elevado, aquele funcionário ia conquistando Guilherme pela sua humildade e dedicação. Logo que terminou, ele empurrou um cesto onde colocava as roupas sujas e parou em outro leito, onde outro paciente necessitava de limpeza. Assim, Guilherme acompanhou vários atendimentos, sem saber quem era o funcionário, pois ele estava de costas. Curioso, Guilherme se aproximou e disse:

– Que Deus o ilumine, meu irmão! Vi sua dedicação junto a esses irmãozinhos, o carinho com que você os trata. Você é enfermeiro?

– Não, sou apenas um ajudante e colaboro na limpeza, e na higiene desses irmãos.

Ao ouvir aquelas palavras, Guilherme sentiu uma energia o invadir. Ele reconhecia aquela voz. Era familiar. Aproximou-se mais e, tocando o ombro do funcionário, disse:

– Como se chama?

O funcionário, cabisbaixo, virou-se e falou:

– Ismael.

Uma emoção, misturada com um choque, tomou conta de Guilherme. Ele estava vendo Ismael pela primeira vez depois daquele dia em que se ofenderam e ele nunca mais voltou. Continuava cabisbaixo, sem coragem de olhar para Guilherme. Nesse momento, a mãe de Guilherme, dona Marly, se aproxima e lhe diz:

– Filho! Esse é nosso irmão Ismael, que trabalha nessa humilde tarefa.

Surpreso, Guilherme ficou parado, sem saber o que fazer. Sua mãe começou a falar sobre a oportunidade de trabalho que havia sido dada a Ismael. O trabalho humilde, que muitos não gostavam de fazer, era feito com dedicação. Ao mesmo tempo em que ele saldava débitos, aprendia a ser humilde de coração.

– Filho querido! Muitos esperam por essa oportunidade que seu tio está tendo. E ele só a teve porque pediu a Jesus com o coração. Mas de nada valerá se ele não se perdoar para prosseguir amando e perdoando quem prejudicou no passado, conquistando, por fim, a Paz no coração. A mesma Paz que todos buscam, mas que poucos conseguem encontrar, porque não são capazes de se doarem diante do sofrimento dos irmãos que Deus coloca no caminho.

– Disse São Pedro: *"Busque a Paz e siga-a."* Essa paz, essa tranquilidade somente teremos se o Cristo estiver dentro de nós. Assim, veremos o sofrimento dos outros e faremos aquilo que gostaríamos que os outros fizessem a nós. Deveremos nos colocar no lugar daquele que sofre, meu filho, e que busca desesperadamente por um olhar de compaixão, por uma palavra de consolo, por um beijo de perdão.

Guilherme ouvia calado, mas o seu coração se transformava. Um calor o invadia, uma vontade de chorar, mas ele se mantinha firme, até o momento em que um paciente começou a passar mal e, rapidamente, Ismael correu para socorrê-lo.

Guilherme viu que seu tio carinhosamente cuidava daquele irmão que expelia uma gosma vermelha, parecendo sangue, com um odor horrível. Ismael fazia tudo sozinho. Havia ali muitos trabalhadores, mas todos estavam ocupados em suas tarefas.

Marly observava a atitude do filho e orava em pensamento. Guilherme não aguentou e, dirigindo-se ao tio, estendeu-lhe a mão para auxiliar na limpeza do paciente.

Ismael nada falou, apenas olhou para o sobrinho que tanto amou, sorriu, deixou rolar lágrimas de agradecimento, e tocou a mão de Guilherme, apertando-a fortemente.

– Obrigado, meu filho, pela ajuda. Pegue uma vasilha com água, que está ali próxima, e me traga com algumas toalhas.

Prontamente, Guilherme atende ao pedido do tio e o ajuda a limpar aquele paciente, depois troca as roupas e os lençóis. Com os corações felizes, após o término da higienização, Ismael se aproxima do sobrinho e toca-lhe nos ombros, dizendo:

– Perdoe-me, meu filho! Por ter amado você erradamente. Por ter feito você sofrer.

– Tio! Por favor, não diga nada. Apenas me dê um abraço – fala Guilherme, abrindo os braços.

Os dois se abraçam emocionados; do coração de Marly, saem jatos de luzes que os envolvem. Naquele momento, todos no ambiente são tocados pela luz do Amor e do Perdão. Uma música é ouvida, ela vem do interior dos corações. É a música da Paz.

Dois espíritos que se amaram de maneiras diferentes e, depois, tiveram esse sentimento transformado em ódio e rancor, naquele exato momento, se uniam novamente no mais pleno sentimento de perdão. Um caminho de luz estava sendo preparado para que ambos caminhassem juntos novamente.

Haverá um dia em que todos os corações viverão em Paz. Todas as almas caminharão alegres em direção ao Criador. A nossa frente, caminhará Jesus.

O Amor reinará na Terra na sua forma mais pura e os homens aceitarão todas as formas de amar. Entenderão que há necessidade de o Amor ser expresso de todas as maneiras, porque cada um o sente e está em um nível de entendimento e evolução diferentes.

Epílogo

E a Vida Continua

Nossos irmãos Flávio e Guilherme começam a trabalhar com Igor na equipe de resgate aos necessitados que perambulam pelas noites escuras da ilusão. A falsa felicidade que o dinheiro proporciona e os sentimentos do desejo, da inveja, do preconceito, e outros tantos, fazem de nossas vidas uma peça de teatro. Somos bons ou maus atores. Nosso diretor é o Pai. Quanto ao roteiro, somos nós que escrevemos.

Temos um intervalo entre os atos, onde aprendemos a fazer dos erros e dos acertos um novo *script*. A bondade de Deus nos possibilitará encenar um próximo ato, uma nova existência. Devemos seguir os passos de Jesus, carregar nossa cruz, enfrentar os nossos problemas de frente. Devemos pedir a ajuda d'Ele quando o peso estiver muito grande. Se, simplesmente, acompanharmos os passos do Cristo, sem nos tornarmos melhores, de nada adiantará.

Os personagens mudarão os cenários também, mas os atores serão aqueles que fazem parte da nossa equipe teatral, ou seja, nossa família terrena. Por isso, meus irmãos, antes que a cortina se feche e as luzes se apaguem, é tempo de amar, é tempo de perdoar!

FIM

O Casamento **Homoafetivo**

"Se pensarmos, ainda, que uma boa parte, senão a maioria das experiências homossexuais visa à reabilitação do afeto e ao reajustamento perante a responsabilidade pessoal e para com o outro. O casamento homossexual apresenta-se como recurso terapêutico por excelência, promovendo a oportunidade da consolidação dos laços profundos e sagrados da cumplicidade, do respeito e da amorosidade nas criaturas. Ao longo de uma serie de exposições doutrinárias na Europa, vimos pessoas e casais homossexuais na direção de casas espíritas, nas tarefas de divulgação da doutrina espírita e na mediunidade, integrados e equilibrados, sendo respeitados pelos seus parceiros de trabalho espíritas, valorizados e bastante produtivos, vivendo uniões ou casamentos dignos de respeito, que nos testemunham o valor do amor independentemente da orientação sexual.

Por tudo isso exposto, acreditamos que o casamento homossexual seja não só um direito inalienável das minorias homossexuais, mas igualmente um progresso na marcha da humanidade, que não segue linearmente anulando o que veio atrás, mas somando às construções, que se complementam ao longo do tempo.

O casamento homossexual, longe de anular os valores sagrados da família heterossexual, os consolidará ainda mais, fazendo com que a diferença e a multiplicidade forneçam a riqueza de uma sociedade alteritária e fraterna, característica de um mundo de regeneração."

Andrei Moreira
Presidente da Associação Médica Espírita de Minas Gerais
Editora AME — Homossexualidade sob a Ótica do Espírito Imortal